银龄时代——中国老龄社会研究系列丛书

杜 鹏 

中国城市老年住房研究

王红丽 / 著

图书在版编目(CIP)数据

中国城市老年住房研究 / 王红丽著. -- 北京 : 中国人口出版社, 2019.12

(银龄时代: 中国老龄社会研究系列丛书 / 杜鹏主编)

国家出版基金项目

ISBN 978-7-5101-6814-7

Ⅰ.①中… Ⅱ.①王… Ⅲ.①城市-老年人住宅-住宅建设-研究-中国 Ⅳ.①F299.233.46

中国版本图书馆 CIP 数据核字(2019)第 265448 号

中国城市老年住房研究

ZHONGGUO CHENGSHI LAONIAN ZHUFANG YANJIU

王红丽 著

责任编辑 何 军 刘 姝
装帧设计 刘海刚
责任印制 林 鑫 单爱军
出版发行 中国人口出版社
印 刷 北京柏力行彩印有限公司
开 本 787 毫米×1092 毫米 1/16
印 张 13.75
字 数 200 千字
版 次 2019 年 12 月第 1 版
印 次 2021 年 1 月第 2 次印刷
书 号 ISBN 978-7-5101-6814-7
定 价 68.00 元

网 址 www.rkcbs.com.cn
电子信箱 rkcbs@126.com
总编室电话 (010)83519392
发行部电话 (010)83510481
传 真 (010)83538190
地 址 北京市西城区广安门南街 80 号中加大厦
邮政编码 100054

序

王红丽博士所著《中国城市老年住房研究》即将付梓，谨借此机会向她表示衷心的祝贺。

随着中国人口老龄化程度日益加深，对老年人各方面的研究成果颇多。在此领域，我们更多地把目光集中在照料、养老方面，而对老年人的住房问题关注相对较少，在住房对老年人生活的影响以及相关政策方面的关注和研究不够。王红丽的这部著作无疑丰富了这个领域的研究。

多数情况下，住房对老年人生活具有重要影响。适合老年人居住的住房能够提高老年人健康水平和生活质量。有研究表明，美国居住在太阳城等老年住房中的老人平均寿命高出其他老人。随着我国经济的发展及老龄化程度的不断加深，我国政府对老年住房建设日益重视。国务院《关于印发中国老龄事业发展“十二五”规划的通知》明确提出，要改善老年人居住条件，引导开发老年宜居住宅。具体来说，老年住房的建设重点在两个方面，一是作

为住房基本属性的面积、设施等条件的改善，二是住房的适老性或适老性住房的建设。

作者通过将老年人群与其他人群加以比较，发现老年人住房整体处于较差水平，年龄越大，住房条件越差。老年人住房呈现房屋老旧、成套率低、设施落后、建筑质量差的显著特点，这与人们通常认为的老年人住房条件较好的印象形成反差。老年人住房问题往往因为老年人享受了福利分房的待遇而被忽视。改善老年人住房条件、提高老年人生活水平应当引起全社会重视。

作者通过研究发现，大多数老年人家庭住房存在严重的适老性不够的问题，突出表现在老年人居住在无电梯的多层楼房中的比例较高，造成大量老人困于家中，无法实现自由出行，隔断了与社会的正常交往，生活质量严重下降。另外，室内无障碍设计欠缺，紧急呼叫系统、扶手等适老设施缺乏是普遍现象。提高住房适老性能够有效防范老年人发生跌倒等风险，防止遇到紧急情况无人救助，以及影响老年人健康的问题发生。随着老年人年龄增长和健康问题增多，普通住房对老年人生活的不利影响日益凸显，加之照料难度加大，许多老年人不得不选择转住专为老年人设计的老年住房，包括养老机构及养老地产。

我国独生子女家庭面临着养老照料的困境，同时老年人普通住房并不适合老年人特别是行动有障碍老人生活居住，催生了对养老机构集中养老的巨大需求。但是养老机构以多少为宜，是不是越多越好，还需加以研究。作者根据未来老年群体人口特征，采用4%固定入住比率法、分阶段增长率法、联合国模型法三种方法对未来养老机构入住人数、机构数量、机构建筑面积进行测算，开展了有益的探索。

同时,作者剖析了业已存在的养老机构的突出问题。目前某些养老机构较高的床位空置率表明,养老机构建设的突出问题不在数量方面,而是结构性与质量问题。营利性与非营利性机构界限不清、监管不力,造成有限资源的浪费。公办养老机构的公益性、福利性、特色性体现不足,应有作用并未充分发挥出来。公办养老机构直接参与市场还会造成与民营养老机构的不公平竞争的情况。

作者对适合老年人居住的方兴未艾的养老地产的研究发现,市场定位偏高、费用偏高是其突出问题。养老地产盲目照搬国外模式,过度超前,脱离中国实际,本土化不足,导致费用高、入住率低。

应对人口老龄化,加强老年住房建设,需要国家的有力支持。与美国、日本、新加坡等国家的老年住房政策相比,我国的老年住房政策有待完善,享受政府福利保障住房的人群范围过窄,对老年人优惠力度有限。根据生命历程理论,我国老年人在住房上的不利局面,很大程度上是国家分配政策影响的结果。在他们年轻时,国家执行"高积累、低消费"的分配政策,一定程度上造成老年人收入较低,住房条件较差。老年人为国家建设做出贡献,在他们进入老年期,政府应给予更多关爱,以实现代际公平,促进社会和谐发展。

建立老年人住房保障体系迫在眉睫。无论美国和日本的以政府补贴、政策鼓励为导向,大力度引进市场机制,实现政府与市场有效结合的模式,还是新加坡的政府在老年住房建设中发挥主体作用,老年住房实行普惠制的模式,他们的共同特点表现在政策比较完善,保障性强,其政策重心在于保障低收入人群。相对而言,我国老年住房政策偏弱。国家应扩大老年住房保障范围，建立以低收入老年人、特殊困难家庭老年人为保障对象的多层次、多元化老年住房保障体系，建立一批福利性的免费、低收费养老机构。同时建立以低收入老年人为保障对象的居家养老性质的老年保障住房，如老年公租房等。

基于居家养老为基础的理念，政府应加强对普通住房建设的支持力度。政府可以设立专项资金加大对老年人住房的适老性改造，如加装电梯、家庭内部的无障碍改造、安装紧急呼叫系统等。对新建普通住房要以法律形式强制推行通用设计，建设长寿型住宅等。

针对当前某些地区养老机构数量过剩、质量不高的问题，国家应当做好结构调整与质量控制，防止养老机构建设的大跃进式发展，引导其健康发展。对养老地产适度提供贷款、税收方面的优惠政策，培育这个市场不断走向成熟。

相信老年人住房问题能够更多地得到政府与社会的重视，老年住房条件能够不断得到改善，适老性不断得到提升，广大老年群体的生活质量得到不断提高。

谨为序。

中国人民大学老年学研究所教授
姜向群

目　录

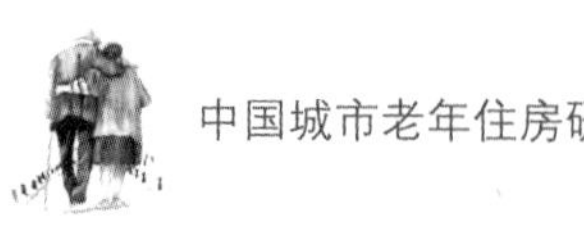

第1章

绪论

住房对人们生活质量产生着巨大影响,对老年群体更是如此。老年人大部分时间在家中度过。据估计,老年人平均每天在家中度过的时间长达19~20小时,住房对老年人生活质量的影响比年轻人深远得多。适合老年人居住的住房能够提高老年人生活质量,延长老年人寿命。据调查,美国居住在太阳城老年社区的老年人寿命高出美国平均人口10岁。相反,不适合老年人居住的住房则会降低老年人生活质量,甚至增加老年人发生意外事件的概率。

老年人住房建设在发达国家和地区被上升到战略层面高度,广泛纳入整个国家建设的体系中。各国相应制定出各种层次的适合不同老年人需要的老年住房政策与计划,如新加坡的组屋项目、乐龄公寓项目,美国的老年社区计划,澳大利亚的绿色退休家园计划等。而我国面对老龄化浪潮,仅在两限房、廉租房等保障性住房的购买条件中对老年人做出优先供应的规定,尚未展开专门针对老年人的住房建设。随着我国国民经济的发展及综合国力的不断提高,随着我国改善民生伟大战略的实施,国家对老年住房的建设越来越重视。

一些发达国家及社会组织实施老年住房建设计划，通常以大量的老年住房研究为理论支撑，以保障计划实施的科学性与有效性。我国对老年住房的研究相对薄弱，以老年住房建设为视角的研究较少。加强老年住房建设的研究，了解老年人住房需求，有针对性地提出老年住房建设的目标、方向、措施，对国家及各级政府开展老年住房建设具有重要的参考意义。

1.1 研究背景

1.1.1 改善老年住房是改善民生的重要内容

改善民生是党和国家的大政方针。党的十七大把民生问题列为贯彻落实科学发展观的核心内容。我国政府在"十二五"规划中要求，坚持把保障和改善民生作为加快转变经济发展方式的根本出发点和落脚点，并就改善民生方面提出了诸多目标、任务和政策举措。党的十八大报告提出，加强社会建设，必须以保障和改善民生为重点，要多谋民生之利，多解民生之忧，解决好人民最关心、最直接、最现实的利益问题，在学有所教、劳有所得、病有所医、老有所养、住有所居上持续取得新进展，努力让人民过上更好的生活，奏响了幸福民生的时代最强音。老年人的住房问题是涉及民生中养老与住房两个方面的双重民生问题，是最重要的民生问题之一，应加以关注，认真研究，不断改善，提高老年人的生活质量，使老年人能够与其他群体共享社会发展与繁荣的成果。

1.1.2 人口老龄化的快速发展形成对老年住房的巨大需求

据《2014 年国民经济和社会发展统计公报》数据显示，2014 年年末我国 60 岁及以上人口已达 21 242 万人，占全国总人口的 15.5%；65 岁及以上人口达13 755万人，占全国总人口的10.1%，未来10年仍是中国老龄化快速发展的时期。据有关预测，中国65岁及以上老年人在2050年将达到23.07%（田雪原，2006）。中国人口老龄化的快速发展及老年人数量的日益庞大，对老年住房形成大量需求。即使假设老年人居住模式不发生改变的情况下，仅因老年人数量的增加形成对老年住房的新的需求就是个可观的数字。住房因价值量巨大而极具特殊性，想要改善并非一朝一夕之易事，只有未雨绸缪，进行前瞻性研究，才能满足老年人住房的需要，更好地实现老有所居、老有所养的目标。

1.1.3 家庭结构的变化影响着老年住房需求结构的变化

中国长期低生育的现实使家庭结构出现巨大变化，“四二一”“四二二”家庭结构将逐渐成为主流。子女数量的减少导致家庭照料的人力资源不足，使家庭养老问题变得异常突出，直接影响着未来老年人养老模式的选择，使入住机构养老的比率呈上升趋势。无论居家养老还是机构养老，不同的养老模式对应不同的住房形式，养老模式选择的变化影响着住房类型需求的变化。新的形势下如何合理把握与不同养老模式相关的住房建设，不断改善老年人的住房状况，使老年人能够更加安全、舒适、体面地安度晚年，是摆在我们面前的重大养老问题。

1.1.4 房地产价格的不断走高对老年人住房产生重要影响

近十年来，我国城市房价收入比已达到国际高水平行列，房价上涨对处于社会弱势的老年人生活必然造成巨大影响，当然这种影响是一把双刃剑。一方面，价格的走高对于拥有多套住房的老人将是一个不菲的收入来源，对老人以房养老产生积极影响；另一方面，对于住房条件较差，希望有所改善的老人来说则会大大增加其支出成本，成为改善住房条件的重要障碍。房地产价格的不断走高，对国家老年住房的建设而言同样是不利因素，将增加老年住房建设的成本，增加改善老年住房的难度。

1.2 研究的意义

老年人的住房问题现已得到国际社会的广泛关注。联合国在 1991 年 12 月 16 日通过的《联合国老年人原则》提出“老年人应能通过提供收入、家庭和社会资助以及自助，享有足够的食物、水、住房、衣着和保健”。1992 年，联合国第 47 次大会决议为 2001 年全球解决人口老龄化问题所提出的目标之一，就是解决老年人的住房和生活环境问题。1996 年在伊斯坦布尔召开的联合国第二次人类住区大会通过的《人居议程》要求“应当特别注意满足老年人不断变化的住房和行动需要”。我国《国务院关于印发中国老龄事业发展“十二五”规划的通知》明确提出，要改善老年人居住条件，引导开发老年宜居住宅。老年人已步入生命历程的最后阶段，他们为国家、为社会、为子女后代做出了重要贡献。在其老年阶段，为他们提供优质、舒适、适合养老的住房条件，不断提高其生活质量是全社会应尽的责任，是社会文明的标志，是改善民生的重要内容。

建设老年住房必须加强理论研究。老年住房包括养老机构、普通住房及老年地产三种形式，三者在老年住房建设中所处位置应有所侧重。我国目前在老年住房建设上将重点放在养老机构，各地为达到养老机构床位数 30 张/千人的建设目标，纷纷采取鼓励措施，加大补贴力度，而对老年人普通住房建设无论政策支持还是财力支持几近空白。对老年地产在土地审批、税收减免、资金贷款等方面已有倾斜，但力度仍需加强。因此，将三者作为一个整体统筹考虑，通过研究确定未来老年住房建设的重点，避免主次颠倒，将有限资源进行合理分配具有十分重要的学术意义。

老年人机体功能下降，社会权利减弱，经济收入减少，属社会阶层中无可争议的弱势群体，而住房又对其生活产生重大影响。政府对弱势的老年人住房建设负有应尽责任，必须高度重视老年人的住房问题，制定老年人住房政策，完善与老年人住房相关的法律、法规，从制度层面保障对老年人住房建设的投入，从住房建设到住房消费给予必要的政策支持，如土地供应、税收减免、贷款优惠等，完善老年人中低收入阶层的住房保障体系，改善老年人住房的民生状况，对提高老年人生活质量，更好地实现老有所居、老有所养具有重要的现实意义和政策意义。

1.3 研究范围及概念界定

本研究研究范围是城市。城市与农村住房存在较大差别，农村主要为院落式，城市主要为公寓式，二者呈现不同形式。与住房相关的人群也存在完全不同的社会经济特征，其生活模式、职业特征存在较大差异。更重要的是中国执行城乡二元社会经济制度，城市与农村执行不同的住房政策。农村人口的住房从未纳入过国家财政预算，无论是计划经济时代，还是经济体制改革之后的市场经济时代，他们的住房主要靠村集体划批宅基地，自己建设。城市住房则复杂得多，从完全福利的实物配给到收取部分房租，再到停止实物分配，通过市场解决，国家在工资中增加住房公积金，历经变化，城市住房存在的问题比农村复杂得多。因此，本研究选择城市作为研究对象。

1.3.1 老年住房的界定

老年住房有广义与狭义之分。广义的老年住房泛指60岁以上老人居住的建筑场所，包括老年人普通住房和老年人专用住宅。狭义的老年住房仅指老年人专用住宅，又称老年人居住建筑（Residential Building for the Aged），是指专为老年人设计，供其起居生活使用，符合老年人生理、心理需求的居住建筑。[①] 具体形式有老年人住宅、老年人公寓及各种养老机构,如敬老院、福利院、养老院、护理院、托老所等。本研究采用广义的老年住房概念。

老年人住房从表面看是一个物质的概念,但其深层次的含义还包括住房对老年人的心理影响及社会意义,因为住房是家庭的物质依托和空间需求,体现的是家庭生活的方式,是亲情、关爱和以人为本的价值理念,具有社会性。1982 年维也纳老龄问题世界大会指出,“年长者的住所切不可被视为仅仅是一个容身之地。除物质部分外,它还有心理和社会的意义,也应予以考虑”。周俊山博士对这一概念进行了总结。他认为老年住房包括三层含义:第一,住房是个物理概念,指老年人的居住场所;第二,住房作为一个文化标志,代表家庭、稳定和地位(Mason,1989; Wright,1991),超过了其物理意义(Willcocks 等,1987;Rubinstein,1989;Garland,1993;Gurney、Means,1993;Peace 等,1994;Kellaher,2001),具有心理和社会意义(UN,1982),如安全和稳定(减少了被驱逐的恐惧和威胁)、社会地位等(Wright,1991;Saunders,1990;Dupuis、Thorns,1996),潜在地增加或减少老年人的持续感、自我决策、个人认可、家庭联系和精神支持等(Rubinstein,1989);第三,住房是财产保障,是一种重要的财产积累形式,能为老年人提供经济保障(Saunders、Harris,1988;Hamnett,1992)。

老年人专用住宅是社会文明发展到一定阶段的产物。家庭养老模式伴随着产业革命的发展发生了巨大变化,由传统的乡村大家族式演变为现代的城市小家庭式,老年人甚至出现空巢现象。家庭养老模式的变化给养老带来了巨大挑战,打破了老年人位居家族核心地位,掌控家族主要资源的模式,老年人不再是家庭中权利的拥有者,财富流方向发生了逆转,由原本大家族流向老年人的流向转变为小家庭流向年轻人的流向。养老模式的变化同时影响着家庭成员关系的变化,传统大家庭一个家族的人员可以

① 《老年人居住建筑设计规范》(GB 50340—2016)。

互帮互助，而现代家庭居住独立，一个家庭可利用的人力资源以自己的核心家庭为主，难以借助大家族的力量。这种巨大的社会变革使得养老受到挑战，从而成为社会发展与稳定的重大问题，单纯依赖家庭已无法承担养老的重任，这就促使养老方式不断由家庭向社会转变，养老机构随之产生。人们在构造日益发达的社会福利事业的同时，与老年人相关的老年专用住宅得以出现并不断得到发展。

老年人专用住宅是老龄化过程的产物。随着老年人比重的日益提高及数量的日益扩大，老年人的养老问题终将演变成为重要的社会问题，而住宅作为养老的重要空间载体必然受到重视，老年人住宅不再是单一家庭需要考虑的问题，老年人住宅作为一种特殊商品应运而生并不断得以发展。如何让老年人居住得更加舒适以最大限度地减少因居住质量对其身体、心理和生活带来的负面影响，体现以人为本的理念，是社会和政府要考虑的问题。

1.3.2　老年住房的分类

老年住房按其与养老模式的关系可分为机构养老住房和居家养老住房；按照是否专门为老年人设计可分为老年人专用住房和老年人普通住房（图1－1）。也就是说，本研究的研究对象既包括养老机构住房，又包括家庭住房，既包括老年人专用住房，又包括老年人居住的普通住房。

在老年人专用住房中，居家养老的老年人住房又称老年人住宅（House for the Aged），是指供以老年人为核心的家庭居住使用的专用住宅。老年人住宅以套为单位。可见，老年人住宅属家庭住房范畴。老年人住宅虽然可以在普通楼宇中分散配置，但从目前我国的实际建设来看，多以独立老年社区的形式存在，即老年人住宅成片开发，集结成小区，并以纯粹的老年人为居住对象。老年社区是我国老年人住宅的典型表现形式。本研究中有时以“老年社区”或“独立老年社区”指代“老年人住宅”。

老年人公寓（Apartment for the Aged），又称老年公寓，是指为老年人提供独立或半独立居家形式的居住建筑，一般以栋为单位，具有相对完整的配套服务设施。① 老年公寓属养老机构的范畴。

在我国，老年公寓和老年人住宅具有特殊性，在老年住房建设中属于养老地产范畴。因此，将二者合为一类，形成本研究第三种老年住房形式——养老地产。

根据上述界定及分类，本研究的老年住房体系由老年人普通住房、一般养老机构和养老地产三部分构成。所谓“多元”老年住房指的是住房形式的多样化。

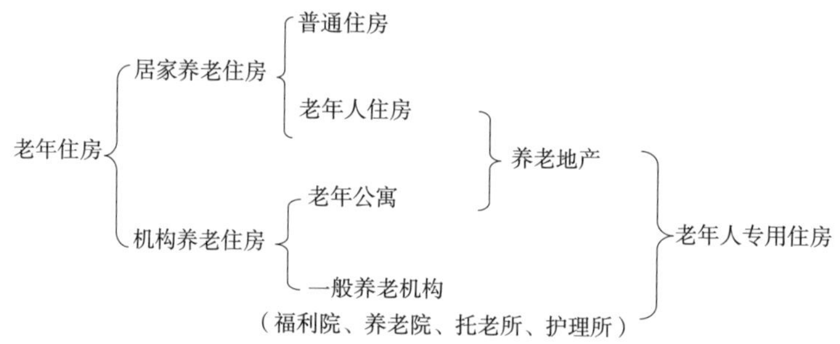

图1－1　老年住房分类

1.4　研究框架设计

我国城市老年住房的建设主体宏观上分为政府和市场。本研究主要从政府的角度加以研究，辅以少量的市场角度的研究。家庭普通住房、养老机构、老年地产共同构成老年住房。在老年住房建设中，首先分析老年人基于养老模式的居住需求，根据老年人居住需求确定老年住房建设的重点，确定三者在老年住房建设中应处的位置。在此基础上，对三种不同

① 《老年人居住建设设计规范》（GB 50340—2016）。

类型的老年住房分别进行研究，找出各自存在的突出问题并加以分析，最后通过国内外老年住房政策的研究，针对老年住房建设中存在的突出问题就未来如何建设老年住房提出整体建议。本书结构上采用合—分—合的形式，即首先从总体上把握三者在老年住房建设中的轻重关系，然后分别研究各自存在的突出问题，最后综合提出建设的措施建议（图1－2）。

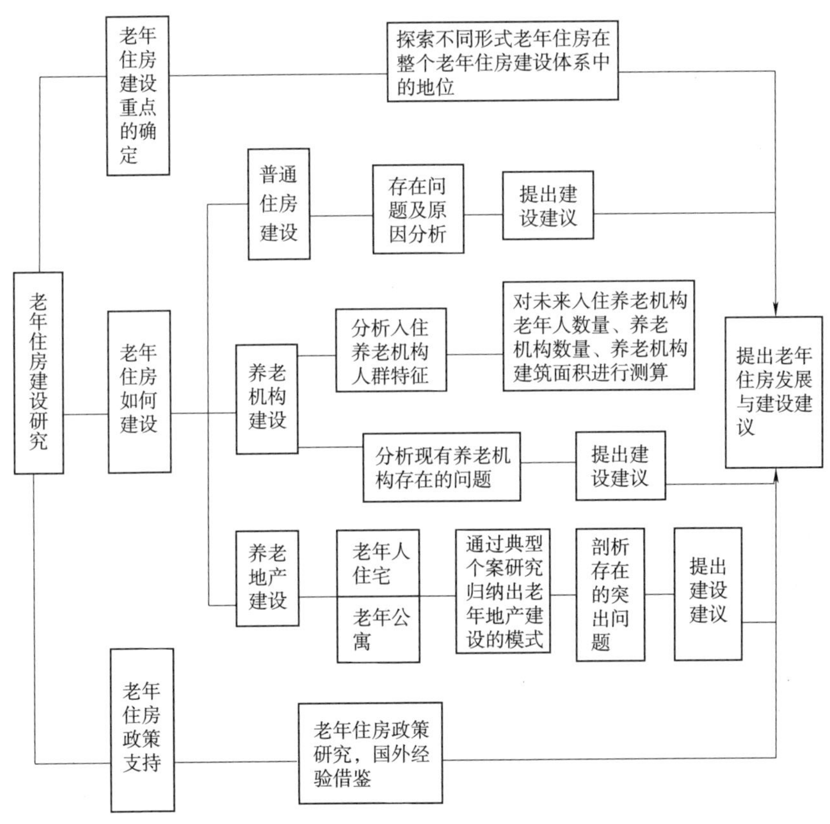

图1－2 我国城市老年住房建设研究框架结构

1.5 数据来源

1.5.1 老年人专项调查

包括2006年、2010年中国城乡老年人口生活状况追踪调查，2011年中国老年健康影响因素跟踪调查（CLHLS），2009年全国民办养老服务机构基本状况调查。

2006年、2010年中国老龄科研中心组织了中国城乡老年人口生活状况追踪调查，这是全国性的老年人专项调查。调查采用与规模成正比的分层随机抽样方法，在全国20个省、自治区、直辖市开展，调查对象为60周岁及以上老年人。2006年调查时点为2006年6月1日0时，共调查60岁及以上老年人20 000名，收回有效问卷19 947份，具有较好的全国代表性。这次调查依据国家统计局2005年全国1%人口抽样调查数据加权后的结果，具有较高的科学性、可信性和代表性，本研究采用加权后10%的抽样数据（郭平、陈刚，2009）。

2010年调查时点为2010年12月1日0时，发放调查问卷20 100份，收回20 009份，其中有效样本19 986人（吴玉韶、郭平，2014）。

2011年中国老年健康影响因素跟踪调查（CLHLS）的基线调查涵盖了中国31个省（区、市）中的23个，在22个省份（不包括海南省）调研中随机选择大约一半的市/县作为调研点进行调查，共调查样本10 188人。

2009年全国民办养老服务机构基本状况调查由全国老龄工作委员会、中国人民大学联合组织，调查时点为2008年9月1日。

1.5.2 普查

包括2000年第五次全国人口普查的抽样原始数据、2010年第六次全国人口普查的汇总数据。

1.5.3 国家统计年鉴

主要有《中国民政统计年鉴》《中国人口年鉴》《中国人口与就业统计年鉴》《中国统计年鉴》等。

1.6 研究方法

本研究属多领域、跨学科研究，运用了比较分析法、分层分析法等，采用实证分析与理论分析相结合、定量研究与定性研究相结合的方法，以定量研究、实证研究为主。定量分析软件采用 SPSS。

1.6.1 定量分析方法

描述性分析：主要为单变量的描述分析和多变量的交叉分析。

推断性分析：根据具体情况采用多元统计分析模型。在研究是否入住养老机构、住房是否富裕及是否贫困时，采用 Logistic 回归模型。在研究住房得分的影响因素时采用多元线性回归模型。

Logistic 回归模型：

如果因变量是二分变量，本研究采用 Logistic 模型来估计，模型采用公式(1－1)：

$$\log\left(\frac{p_i}{1-p_i}\right)=a_i+bx_{ij} \tag{1－1}$$

多元线性回归模型：

如果因变量是连续变量，本研究使用公式(1－2)分析，其中等式右边的变量 x_i(i＝1,2,…,n)代表了一系列自变量及控制变量。

$$y=\sum_{i=1}^{n}b_i x_i \tag{1－2}$$

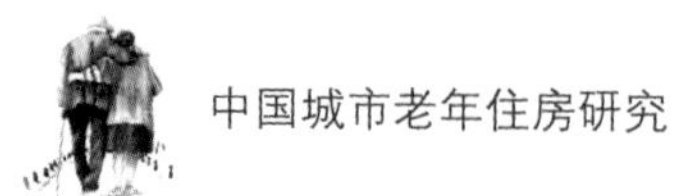

1.6.2 定性分析方法

定性分析方法包括文献研究、深度访谈、实地考察。

选择十余位老年人，就其住房情况、养老意愿、养老机构的选择进行深入访谈。走访了爱馨康复养老公寓，对其负责人进行访谈，了解养老机构存在的现实问题、发展困境及未来希望政府解决的突出问题。选择两个城市的民政局进行调查，了解养老机构的管理现状、突出问题及政策建议。深入养老地产项目北京市太申详和山庄、北京泰康之家燕园、北京太阳城国际养老公寓、海南龙溪园进行实地考察，走访了房地产开发商，了解老年地产开发的模式、存在的问题等，收集第一手材料，使理论与实践紧密结合。

第2章

应用理论与文献综述

2.1 应用理论

老年人住房问题是一个跨学科的复杂的社会问题,老年人住房现状的形成,历史原因的探寻,今后的建设必然涉及一些理论,在研究中用到的主要理论有生命历程理论、社会分层理论、推拉理论、老年亚文化群理论。

2.1.1 生命历程理论

生命历程理论来自芝加哥学派对移民的研究,是国际上正在兴起的一种跨学科理论。它侧重于研究剧烈的社会变迁对个人生活与发展的显著影响,将个体的生命历程看作更大的社会力量和社会结构的产物。生命历程理论的基本分析范式,是将个体的生命历程理解为一个由多个生命事件构成的序列。同样一组生命事件,若排序不同,对一个人人生的影响也会截然不同。

生命历程理论的基本原理大致可概括为四个方面。一是“一定时空中的生活”原理，即个体在哪一年出生（出生组效应），属于哪一同龄群体，以及在什么地方出生（地理效应），基本上将人与某种历史力量联系起来。二是“相互联系的生活”原理。人总是生活在由亲戚和朋友所构成的社会关系之中，个人正是通过一定的社会关系，才被整合到特定的群体的，每代人注定要受到在别人的生命历程中所发生的生活事件的巨大影响。三是“生活的时间性”原理。生活的时间性指的是在生命历程中变迁所发生的社会性时间（Social Timing），它还指个体与个体之间生命历程的协调发展。这一原理认为，某一生活事件发生的时间甚至比事件本身更具意义，强调了人与环境的匹配。四是“个人能动性”原理。人总是在一定社会建制之中有计划、有选择地推进自己的生命历程。即使在有约束的环境下，个体仍具有主动性。人在社会中所做出的选择除了受到社会情景的影响外，还受到个人经历和个人性格特征的影响。

不同年龄组老年人由于出生时间不同，经历的历史事件不同，这些事件对其住房现状的形成产生着重大影响。如曾工作于计划经济时代的老年人经历了住房改革事件，许多老年人因此拥有产权属于自己的住房，而工作于住房实物分配结束后的未来的老年人住房获得主要依赖市场，单位制①的影响力大大减弱，个人经济能力发挥决定性作用，住房的个体间差异也因此拉大，有些人没有属于自己的房子，而有些人则拥有高档住宅。不同年代人群的住房与其经历的生命历程密不可分。

2.1.2 社会分层理论

“分层”原为地质学家分析地质结构时使用的名词，是指地质构造的不同层面。社会学家发现社会存在着不平等，人与人之间、集团与集团之间，也分成高低有序的若干等级层次，因而借用地质学上的概念来分析社会结

① 单位制指个人依赖于所在单位的工资福利住房等，单位作用远大于个人的体制，形成于改革开放前。

构，形成了"社会分层"这一社会学范畴。

社会分层指社会成员在社会生活中由于获取社会资源的能力和机会不同而呈现高低有序的等级或层次的现象和过程。美国社会学家塔尔科特·帕森斯（Talcott Parsons）将社会分层定义为：从社会角度的某些重要方面，把组成一定的社会体系的人类个体及他们之间在待遇上的相对优劣分成等级。

西方社会学史上，最早提出社会分层理论的是德国社会学家韦伯。韦伯提出划分社会层次结构的三重标准，即财富——经济标准，威望——社会标准，权力——政治标准，以上三条标准既是互相联系的，又可以独立作为划分社会层次的标准。

老年人的住房存在明显的社会分层，存在住房富裕阶层与住房困难阶层，而形成这种结果的原因有单位制等社会政治因素与受教育程度等个人家庭因素。

2.1.3　推拉理论

该理论最早由拉文斯坦提出，他对人口迁移的机制、结构、空间特征规律分别进行了总结。博格（Bogue）于 20 世纪 50 年代提出人口迁移的推拉模型。1938 年赫伯尔第一次系统总结了"推拉"理论概念。他认为人口迁移是由一系列"力"引起的，一部分为推力，另一部分为拉力。该理论认为，人口迁移是由于迁出地的推力或排斥力和迁入地的拉力或吸引力共同作用的结果。从迁移者个体的行为决策过程来看，推力—拉力理论的成立包含两个基本假设：一是假设人们的迁移行为是一种理性的选择，二是认为迁移者对原住地和迁入地的信息有比较充分的了解。只有这样他才能根据两地之间的推力和拉力，从比较利益的角度出发做出相应的选择。李（Lee，1966）在其《迁移理论》一文中系统总结了"推力—拉力"理论。他将影响迁移行为的因素概括为四个方面：与迁入地有关的因素、与迁出地有关的因素、各种中间障碍和个人因素。

老年人养老模式的选择可以用推拉理论进行阐释。选择居住养老机构还是自己家庭，是由两者的推力和拉力共同作用的结果。机构养老和居家养老的选择正是双方推拉力量博弈的结果。日本、新加坡入住养老院的比例仅为2.2%，与其居家养老住宅的精心设计以及政府对居家养老的政策支持密不可分。

2.1.4 老年亚文化群理论

老年亚文化群理论由美国学者罗斯(Rose)提出，认为只要同一领域成员交往超过其他领域成员的交往，就会形成一个亚文化群，老年人口群体正是符合这一特征的一种亚文化群体。老年人群体有着相同的生活经历、相同的家庭角色和社会角色、相同的生活问题和生活需求、相同的爱好等，因此更容易交往，具有更多的共同语言。老年人聚集之处易形成老年人亚文化群体。兴建老年社区和老年公寓利于老年人的交往，便于组织各种活动。同时，老年人群体的形成能够增加其社会影响力，受到社会的关注，反过来有利于社会各界为老年人提供援助和服务。老年人住房问题长期以来并未成为专门的研究领域而受到关注。随着工业革命的爆发，大家庭的解体、城市化的发展，老年人的养老模式发生重大改变，老年住房对养老及老年人生活质量的影响开始引起社会关注。20世纪初至20世纪中叶，西方资本主义国家出现经济萧条、社会动荡、住房短缺，家庭养老进一步受到冲击。为实现社会稳定，政府开始将老年人住房纳入社会保障制度中来，不同程度地开始介入老年人住房建设。社会学领域对老年住房的研究逐渐丰富起来。20世纪初，老年建筑设计学科的专业化推动了老年人住房研究的专业化。

2.2 文献综述

2.2.1 研究现状

老年住房对老年人生活质量的影响得到了国内外学者的广泛关注,对老年住房的研究成果十分丰硕。

2.2.1.1 国外研究

国外对老年住房的研究起步较早,20 世纪 30 ~ 60 年代开始对老年住房进行关注。这一时期的研究成果直接推进了社会老年学作为独立研究领域的形成,但这一时期并未形成太多理论。60 ~ 80 年代是老年住房研究的高峰,这一时期产生了以著名的老年生态学理论为代表的众多理论,对这一理论的实际应用集中在养老机构。90 年代与智障相关的研究成为北美老年住房研究的主流。与本研究关系密切的研究表现在以下几个方面。

(1)住房对生活质量产生重大影响

研究认为,合适的住房可以提高老年人的健康和生活质量(Gill、Robert,2004),差的、不合适的住房对健康有负作用(Newman,1987)。

住房条件的优劣、设施是否完善影响着老年人的身体状况,甚至影响老年人寿命。苏卢阿加(Zuluaga. MC,2011)对医院 433 名罹患心脏病的患者进行研究发现,家中设施,如电梯、热水、加热设备、室内洗澡设施、单独卧室、全自动洗衣机、电话等对患者的死亡率产生着影响。缺少一项设施的死亡风险比率为 1.42,缺少两项以上的死亡风险比率为 1.94。较差的住房条件伴随着较高的死亡风险。较差的住房条件背后折射出的是低社会地位、高患病率、低受教育水平及低收入,即较低的社会经济地位及较差的医疗水平。科斯特·丰特(Costa Font J)的研究推翻了人们长期以来认为的收入是影响健康和残疾的决定因素,认为拥有住房比现金对老年人的健康影响更大，房产导致了90%以上的社会经济不平等及54%的残疾差异。

除综合研究住房对老年人生活影响外，也有学者从住房的单一特征，如产权、面积、室内设施与环境等对老年人的影响展开深入细致的研究。住房产权是一种重要的财产积累形式，能为老年人提供经济保障，为未来提供一种选择，促进社会公正，能够出售来维持财产和得到收入以购买服务（Janet、Helen、Anthea、Ruth，1999）。拥有住房还对老年人的心理产生影响。一些研究结果强调，住房产权可以增加个人的自我认可。许多老年人把拥有住房作为成功标志而骄傲。拥有住房的人会感到自己是有责任心、有道德、有价值的人，努力工作的人，有经济安全的人（Janet 等，1999）。

对住房面积的研究认为，老年人应有适当的住宅面积，如果住房的空间不够大，老年人就不能组织聚餐或者家庭聚会，就会对居住环境不满意。比如，缺少足够的娱乐空间、缺少一个大家庭可以一起吃饭的地方，意味着老年人家庭是一个缺少家人、朋友的环境，对老年人的心理健康和自我认可有消极影响（Percival，2001）。有学者认为，住房以及它的台阶、楼梯、狭窄的门、所有的标准设计、狭小的空间等都可能致残（Stewart 等，1999）。认为昏暗的光线与老年人摔倒、抑郁、视觉功能衰退等有关（Charness、Dijkstra，1999）。

老年人"家的意义"的主观感觉不同对健康产生不同影响。与住房相关的因素对处于不同自理能力期的老年人影响不同。对某地养老机构的调查发现，老年人认为冬天他们感觉太冷。虽然温度仍处在允许的范围值内，这种感觉会使老年人感到不适，诱发某些慢性疾病（Mendes、Ana，2013）。无障碍设计对老年人生活满意度及健康状况有重要影响。与老年人日常活动相关的室内无障碍性与可通达性比住房周围外部环境的无障碍性对老年人更有用，更有意义（Nygren、Carita、Oswald、Frank、Warsson、Susanne，2007）。老年人安装使用电子探测系统，使老年人在室外停留时间更长，他们不再害怕犯罪事件发生，安全感增强。有研究认为60.4%的家庭存在环境风险，而这些风险的高发地在浴室。

(2)养老模式的改变对老年人生活产生影响

居住在家庭中的老年人比养老机构中的老年人感觉生活质量更高，生活更有意义。一项研究将需要长期照料的老年人从养老机构转移到有医疗费用支出的、有设施辅助的普通住房中，老年人感到生活更有希望。

老年人养老模式的变化对老年人同样产生影响。老年人从原住房搬迁到政府修建的公共公寓中，虽然与那些关系不远不近的人的表面交往增加，与服务人员交往增加，但这一迁居行为改变了原有的社会网络关系，老年人社会交往总体下降。因此，居住环境的变化对老年人社会交往产生着影响，老年人在迁入新的楼房中或者入住养老机构中后，社会交往明显下降(Rioseco. H Reinaldo,2008)。

(3)对房屋居室需求的研究

老年人更倾向于选择在邻近城镇的集合性住房中居住。就大客厅一居室与小客厅两居室比较，他们更倾向选择前者(Colleen Maria、Cartwright,2007)。对这一问题的研究，在计量方法上设计出老年人需求与实际住房状况差异的模型。

2.2.1.2 国内研究

住房问题长期以来是建筑学领域研究的课题。随着 1995 年全国 1% 人口抽样调查将住房纳入人口调查中以后，人口学界对这一问题的研究成果才渐渐丰富，但是对老年人住房的专题研究仍然偏少。

(1)普通住房

人口学界对老年人普通住房的研究非常薄弱，具有代表性的研究成果有张恺悌主编的《中国人口老龄化与老年人状况蓝皮书》中第七章《老年住房和生活设施》(苗文胜,2010)，邬沧萍、杜鹏等主编的《中国人口老龄化:变化与挑战》中第九章《中国老年人口的住房状况》(蔡林,2006)和周俊山的《中国城市老有所居研究》，主要研究成果如下。

摸清了老年人普通住房的基本状况，并对部分指标进行中外、城乡比较分析。上述研究利用普查数据、全国大型老年人调查数据对老年人的住房现状进行统计分析，描述了老年人住房在养老模式、产权、住房面积、住房间数、墙体材料、建成时间、室内设施、周边环境、住房满意度等方面的数量状况并分析不同人群间差异，对老年住房简单做了城乡及纵向对比分析，个别指标与日本、英国等发达国家以及部分发展中国家进行了对比，发现我国老年住房与之存在较大差距。

周俊山对老年住房的状况进行了推断性统计研究，分别将产权、住房面积、住房产值、单独居室、建筑层数等作为因变量，将性别、年龄、受教育程度、单位性质、政治面貌、职称、是否干部、子女数、城市级别等作为自变量建立回归模型，分析了个人社会经济特征对老年住房不同指标的影响。

研究了住房对老年人生活质量、养老意愿的影响。住房面积、产权、产值和设施对老年人生活质量产生不同的影响，并且大多数为正向。住房面积大、质量好的老年人，生活质量高。住房较好的老年人希望居家养老，没有住房产权、面积太小、配套设施不足的老年人倾向于机构养老（周俊山，2010）。

（2）养老机构

研究对养老机构的供需状况进行了分析，并对养老机构床位数进行了预测。来自伊犁老龄网的一篇研究报告认为，2015 年老年人对床位的需求量将达到 751.4 万张，但该研究并未对分析方法及数据来源给出明确说明。同策咨询的研究表明，2015 年城市商业化养老机构床位的潜在需求，自理老年人为 174 万～185 万人，需要护理老年人为 30 万～32 万人。山西财经大学刘本强在硕士论文《我国养老机构供求状况分析》中，从单位数、床位数及收养人员数上对收养性福利机构的供给情况进行分析，并利用年龄性别模型对 2010～2050 年养老机构床位需求量进行预测，认为 2050 年的需求量将达到 1 307 万张。其选用的年龄性别模型源自张良礼主编的《应对

人口老龄化:社会化养老服务体系的构建与规划》,模型如下:

B(t)=60~69 岁男性人数×0.5%+70~79 岁男性人数×1.5%+80 岁及以上男性人数×7.0%+60~69 岁女性人数×1.0%+70~79 岁女性人数×3.0%+80 岁及以上女性人数×9.0%

这一预测模型仅考虑了年龄性别因素,并未考虑社会家庭结构变化引起的入住比率不断提高的变化,是一种静态模型,预测结果偏低。同时,模型存在的较大问题是,实际入住养老机构的男性比率高于女性,而在模型中则倒置,女性的入住比率远高于男性,存在较大误差。

对养老机构的供给和需求的影响因素进行分析,认为影响需求的主要有老年人口数量、健康状况、家庭养老能力(刘红,2009)、年龄因素(随着年龄增长需求增加)、受教育水平(受教育水平越高,对养老机构的需求越大)、拥有子女数量。影响养老机构供给的制约因素包括我国经济发展水平较低、养老机构基础薄弱、民营机构发展滞后等(刘本强,2010)。

对供给和需求环节存在的问题进行剖析,认为供给环节存在人均床位少,养老机构投资少,资金筹集渠道狭窄,地区差异、城乡差异明显等问题。需求方面突出问题是我国养老机构的床位利用率并不高,大量的养老机构资源被闲置,即有效需求不足,大量的潜在需求未被激发出来(刘本强,2010)。

(3)养老地产

养老地产在国外发展得如火如荼,引发国内的试水热潮。但这种模式在国内的发展十分有限,主要原因有:定位过高,不适合中国老年人的实际;选址过偏,不利于与家人团聚交流,老人内心容易产生孤独感。这种集居化的生活将老人从丰富的城市生活中隔离出来,使老人脱离社会,降低归属感(吴璟、钟青静,2013)。

养老地产开发过程中存在诸多问题。与美国成熟开发模式相比,我国还没有完整的金融支撑体系,这是房地产开发的最关键的因素之一。国外的房地产信托投资基金（REITS）、私募基金和非营利性组织等融资渠道专业且发达，为老年地产的开发解决了资金问题。我国老年地产还没有形成运营多元化的模式。国外的老年地产领域参与主体通常分为开发商、投资商、运营商，各有分工，有自己的专业领域，专业化水平很高，开发商从开发到运营包揽全程的做法较为少见。这种做法在国内却比较普遍。我国老年地产后期运营模式比较单一。另外，我国老年地产还存在服务属性不足的问题（裘旭波，2013）。

老年社区的建设应紧贴市场，了解需求人群特征。通过对长三角地区抽样调查数据的定量分析发现，老年社区的需求人群更偏向于男性、中低龄、私营业主、专业技术人员、本科及以上学历老人（杜嫣、黄震方，2009）。

对未来老年地产的前景进行分析，认为大量老年人口的存在，独生子女父母的老龄化及其独立居住的养老观念，老年人经济独立性的增强将刺激老年社区的快速增长，认为增长率将保持在10%左右水平（姜睿、功舟，2012；罗福周、韩言虎，2012）。另外，养老服务的社会化、服务设施的集约化、服务水平的高端化及老年地产的金融化成为老年地产发展的内在逻辑。但也有不同的声音，陈首春（2013）认为，房地产企业不能成为未来养老产业的主流，原因是目前开发商进入养老地产的条件不成熟，产业环境和政策环境都不支持开发商进入养老地产。

对未来养老地产的建设从企业角度提出建议，认为养老地产需要开展跨行业的前沿性研究；养老地产的复合性与系统性对开发商提出了更高要求，开发商必须具备相应的基础条件，开发商考虑的关键因素包括土地的取得与成本高低，长线资金的获取能力与成本高低，金融的支持，养老政策的支持，提供养老专业化服务的能力，养老资源的整合能力以及能否找到可有效复制的商业模式；养老地产参与主体在追求商业价值的同时应积极承担社会责任（姜睿、功舟，2012）。养老地产的建设需要加大政策扶持力度，需要优化规划设计，创新融资方式，采用多种筹融资模式，探索有效的运营模式（罗福周、韩言虎，2012；张敬岳，2013）；需要强大的企业集团整合资源，形成养老产业链（王瑶琪、班晓娜，2014）。

（4）老年住宅设计

欧美国家老年公寓的设计一般具有以下特点：社区环境优美；采用低层、配备电梯的小高层建筑，或建有小院的平房；道路设计无障碍；户内配备紧急呼叫与电子安防系统；居室有充足的阳光以及良好的通风条件；设有完备的配套设施和服务，如医院、健身房、购物中心、图书阅览室、邮局、银行等（孟星，2009）。日本的老年住宅设计充分考虑了老年人本身的需要，同时增设了老年人服务配套项目。日本的建设省在 1995 年发布了《长寿社会住宅设计方针》，对老年人住宅从各房间的配置、台阶的处理、扶手的安装、过道的宽度、墙壁及地面的装修及厕所、浴室的安排到室内照明、隔热、换气，甚至到橱柜的设计等，都根据老年人的特点制定了具体要求（周俊山、尹银，2008）。

结合国外老年住宅的成功经验，孙桂琴等（2009）提出了我国老年人居住建筑设计的一些基本原则：楼层以三层以下为宜，四层以上安装电梯。设计中要充分考虑使用轮椅的空间，增加门和过道的宽度，室内垂直交通采用电梯、楼梯及坡道相结合，在两侧设扶手，室内、室外地面要尽可能平坦，地面采取防滑处理，门以推拉式为好，安装呼唤铃装置，保证老年人能得到及时帮助、救援，要增加住房的方便性、舒适性、安全性和适用性。

台恩普（2008）则对老年住宅的环境提出了详细的建议，包括环境良好，交通便捷，场地周边活动安全，商业设施齐全，邻近图书馆、保健服务等公共设施，生活气息浓郁，场地应有足够的面积，居住区内路网设置合理，人车分流，设置坡道联系室内外空间，方便轮椅使用等。

（5）养老模式选择

从数量上看，选择居家养老的老年人占绝大多数。无论是西方还是中国，居家养老都被认为是最好的养老模式，即使在发达的美国，也只有大约

5%的老年人长期居住在养老机构（刘红，2009）。美国2009年65岁及以上老人中，选择机构养老的比率占4.1%，85岁及以上高龄老人也仅占13.2%（王承慧，2012）。西方国家的老人在养老院度过晚年的比例大约是5%，受儒家文化影响的东亚国家和地区的比例约为3%（李沛霖，2008）。一项对日本、美国、英国、韩国和德国老年人生活意愿的调查都支持将家庭作为老年人生活的首要选择（孙炳耀、常宗虎，2003）。对中国的调查研究得到了同样的结果，研究认为即使在开放程度和全球化程度较高的北京、上海、天津这样的大城市，仍有超过90%的老年人希望在家庭中养老（孙炳耀、常宗虎，2003）。台恩普的研究认为，我国老年人中95%以上选择居家养老。周云、陈明灼利用统计年鉴资料对我国实际入住养老机构的人数和比重进行分析，1989年入住养老机构的老人占全体老人的0.37%，2004年达到1.81%，其中城市这一比重为0.66%。入住养老机构老年人比重呈快速上升趋势，但居家养老仍占绝对优势。

影响老年人养老模式选择的因素既有文化层面，也有精神及心理层面。养老机构的住房考虑了老年人的身心特征，更适合老年人居住，然而大多数老年人并未选择养老机构而仍然选择居家养老。住房外的因素发挥着作用，与中国几千年的传统文化的影响不无关系。第一，中国的传统家庭观念是“养儿防老”，儿子天经地义肩负着赡养老人的义务，老年人的愿望是能够和子女、孙子女共同生活，以享“天伦之乐”（Leung J.、Lam D. 2002）。即使社会福利事业充分发展，老年人的传统观念仍然是希望生活在家庭中，机构养老被认为是那些无儿无女的孤老才选择的养老方式的传统观念仍然在现代社会有着广泛影响。赵继舜（2007）在《中国老年住宅的市场需求与开发研究》中提到，人们普遍认为进入养老院有被家人“遗弃”的感受。第二，孝道观念和传统美德仍然影响着中国社会。站在子女的角度来看，如果老人被送到养老机构，他们会产生心理阴影，会被社会和他人视为不孝，会认为有失尊严，自己也会产生内疚感甚至负罪感。第三，从精神层面来看，居家养老的形式更人性化，在精神上提供给老人的安全感和稳定感更强。老年人居住在自己熟悉的环境，与左邻右舍建立起了长期的联系，特别是有老人的家庭联系更为广泛。这种联系是老人长期居住过程建立起来的，新的环境会增加老人的陌生感、不安全感和不稳定感。

2.2.2　现有研究的不足

专家学者对老年人住房进行了多方研究，取得了丰富研究成果，为本研究系统研究老年住房奠定了良好的基础，但仍需要进一步研究。

现有研究专注于某类住房，要么普通住房、要么养老机构、要么养老地产，但老年住房的几种形式本身就是一个有机整体，存在着此消彼长的关系。现有研究缺乏将整个老年住房作为一个整体的一体化综合研究。

现有对老年人普通住房的研究是按照住房的某一特征展开，如住房产权、住房面积等，没能将整套住房作为一个整体加以研究。研究的维度是住房的某一方面特征而不是整套住房，缺乏研究的综合性。

对老年机构的数量预测较少，为数不多的预测多为短期预测，存在方法简单、缺乏科学性的问题。

对老年人住房的优劣状况缺乏综合对比。老年人住房在全部人群中处于何种位置，属劣势群体还是优势群体，目前尚无相关研究结果。

对老年人住房的研究，除周俊山博士的论文外，多数为城乡一体的综合研究。由于我国城乡二元社会结构的现实存在，城乡住房政策及住房形态存在较大差异。一体化的研究会冲淡研究结果的价值。分城乡的研究能将各自住房特征和问题表现得更鲜明，针对性更强。

第 3 章

不同类型老年住房建设关系研究

老年人普通住房、养老机构、养老地产共同构成老年住房，在未来老年住房建设中如何把握三者之间的关系，确定谁是建设的重点是首先应该明确的问题。目前，我国城市老年人家庭普通住房的建设投入几近空白，养老机构建设则如火如荼，各地政府加大对新建机构的支持力度。因此，研究老年住房建设的重点与一般、主与辅，将有限的财力投入到重点项目具有重要的意义。

老年住房建设重点的确定关键在于老年人养老模式的选择。养老模式与老年人住房息息相关，有怎样的养老模式就决定了有怎样的生活模式，决定了有怎样的住房类型。养老模式决定着不同类别住房的数量比例关系及质量特征，因此，研究以养老模式的选择为切入点。

3.1 老年人养老模式

养老模式从大的方面来看可以分为机构养老和居家养老。居家养老与机构养老是本研究的一组基本概念，需要首先对其进行界定，并在此基础上比较二者的优缺点，分析不同养老模式对老年人生活的不同影响。

3.1.1　居家养老与机构养老概念界定

居家养老是指老年人居住在自己的家庭居所，老年人本人、家庭成员或社会力量提供养老服务，养老资源主要依赖家庭提供的养老模式。其突出特点：第一，老年人的居住场所在自己家中，自己的家可能是普通住房也可能是老年社区的老年人住宅，可能是自己所有，也可能是租住；第二，养老资源主要来源于家庭，辅以社区公共资源。值得注意的是居家养老并不完全等同于家庭养老，居家养老强调的是居住场所，而家庭养老强调的是养老资源的来源，二者存在较大部分重合，但居家养老除家庭提供养老资源外，还包括目前正在大力兴建的社区养老提供的医疗、饮食、照料等资源，因此，居家养老既有家庭养老的成分，也有社会养老的成分。居家养老中家庭住房是其养老载体。

社区养老是居家养老的特殊形式，是指以社区为载体，由政府、非营利组织、家庭成员及志愿者为社区内的老年人提供多方面的服务，使他们在熟悉的环境中居住生活的一种养老模式（桂莹等，2012），社区养老是有社区服务做后盾的家庭养老。本研究中不将其独立成类，而是归入居家养老范畴。

机构养老是与居家养老相对应的一个概念，指老年人离开自己的家庭住所，入住福利院、养老院、老年公寓等各种长期住宿型机构，以获得其照料、医疗、文化等综合性养老服务的养老模式。机构养老的特点：第一，老年人居住场所在养老机构，而非家庭；第二，养老资源来源于隶属国家、集体或民营的养老机构，而非来自本人、配偶、子女、亲属等家庭成员。养老机构是机构养老的载体。养老机构从形式上可分为提供住宿的长期养老机构，如福利院、养老院、老年公寓等；不提供住宿的短期机构，如日间照料中心、老年服务中心、托老所等，本章所指养老机构为长期住宿型。

可见，老年人养老模式中住房载体是区别机构养老与居家养老的最重要标志。居家养老包括老年人居住在普通家庭住宅和老年社区两种，机构养老包括老年人居住在福利院、养老院、护理院、老年公寓等几种形式。老年公寓兼有居家养老和机构养老的特点，但因其更多具备集中提供服务，不与家人同住等机构特点将其归入养老机构范畴。

3.1.2　居家养老与机构养老特点比较

居家养老和机构养老各有优劣（表3－1）。

居家养老方式更符合老年人的心理特点。第一，与家人共享天伦之乐，拥有更大的自由度，与周围邻里朋友的交往都是老年人生活快乐的重要源泉。第二，老人居住在自己熟悉的环境中，熟悉的房间，熟悉的物品，这里承载着他们年轻时的生活，印刻着他们人生的轨迹，入住养老机构意味着这些将会失去。但是居家养老最大的挑战是当老年人需要别人照料时，包括饮食起居等生活照料，医疗保健等健康照料在内的照料资源是否容易获得。第三，我国大多数老年人居住的普通住宅因并非专门为老年人设计，不能满足老年人的特殊需求，如未安装电梯，不能方便老人上下楼活动，家中没有紧急呼叫系统，当老人遇到突发事件时无法获得援助，独居老人突然死于家中无人知晓的事件时有发生，家中没有辅助设施不能为老人生活提供便利等。老年社区中的老年人住宅属居家养老，老年人居家的同时仍可以享受到便利的照料资源，是老年人的理想选择，不过这种居家形式要求经济实力较为雄厚，能够支付得起老年社区的购房、租房费用。

机构养老住房专门为老年人设计，属老年专用住宅范畴，其室内设施和周边环境符合老年人身体、心理特点，适合老年人养老，其生活照料由机构统一提供，并配有医疗中心、康复保健中心，设施完善的养老机构还配有文化娱乐中心。但是机构养老的弊端也显而易见，居家养老是老年人年轻时正常生活状态的延续，而机构养老则是对老年人熟悉的正常生活状态

表3－1　老年人不同养老模式的优劣比较

优劣比较		机构养老				居家养老
		福利院	养老院	老年公寓	老年人住宅	普通住宅
优势	1. 住房专为老年人设计，适合老年人身心特征 2. 集中居住，集中解决老年人的生活起居、医疗照料、文化娱乐等问题，利于提高资源利用效率 3. 养老责任和照料者由家庭内部向家庭外部转移，使子女可以拥有更多的时间和精力投入学习工作之中 4. 老年人集中居住，为老年人之间交流提供方便	1. 城市“三无老人”的福利保障，解决他们的养老问题 2. 无费用或仅有较低费用	1. 为家庭无法提供日常照料或照料有困难老人提供照料场所 2. 费用较低	1. 更多拥有家的元素及氛围 2. 老人拥有更大生活自由度 3. 属中高档老年住宅，拥有较好的服务设施，能享受较好的服务	1. 既有家的真实感觉，又有社会服务的便捷 2. 生活设施更为完备，配套服务更加专业化、人性化 3. 属高档住宅小区	1. 享受子孙膝下承欢，一家人其乐融融的天伦之乐 2. 可以过正常社会生活，老中青幼混居，利于老年人心理健康 3. 居住在自己熟悉的生活环境，利于社会交往 4. 无须支付额外费用，生活成本较低
劣势	老年人聚集一起，缺乏年轻人的混居，显得暮气沉沉，没有生机和活力，易对老年人心理产生消极影响	1. 老年人集中居住，统一食宿，生活自由度下降 2. 对中国传统养老文化形成挑战，老人入住养老院显得子女不孝，自己也备感凄凉 3. 老人逐渐产生依赖性，并逐渐失去适应社会、进行正常生活的能力 4. 容易产生远离亲人的内心孤独 5. 居住条件差、设施落后		价格较高，需具备一定的经济实力	价格较高，需具备雄厚的经济实力	1. 大多数老人生活在老式建筑中，住房结构老旧，没有电梯，缺乏老年人所需要的基本设施，给老年人的行动造成不便 2. 社区养老配套服务尚不发达，介助介护老人家庭照料压力较大

的一种颠覆性改变。生活方式的改变意味着老人要重新适应新的生活，这对于求稳怕变，接受新鲜事物较慢的老年人无疑是个巨大挑战，他们要学会适应新的环境，学习与新的群体相处，以便能够融入，能够被接纳。另外，老年人的聚集生活因缺乏年青一代的融入看上去显得死气沉沉，对老年人的心理产生巨大挑战。远离家人的寂寞，被抛弃的感觉，对老年人心理产生消极的影响。入住养老机构需要一定的费用，对老年人本人或其子女来说是一笔开销，易造成经济上的负担。

3.2 居家养老与机构养老的选择

不同类型老年人住房建设的关系由住房需求决定，而住房需求又是由养老模式决定，因此，本研究从老年人养老模式的选择入手，从数量和质量两个方面展开。

3.2.1 居家养老与机构养老数量比例关系

首先，从数量上对居家养老和机构养老进行对比，分析两种居住模式的数量比例关系，从意愿入住比例和实际入住比例两方面进行。

3.2.1.1 意愿比例

机构养老与居家养老各有优劣，老年人根据个人实际选择养老模式。从养老意愿上看，绝大多数老人选择传统的居家养老模式（表3－2）。

根据2006年城乡老年人生活状况追踪调查数据，愿意入住养老机构的城市老人占14.5%，不愿意入住的占85.5%。进一步分析发现老年人对养老机构的知识和信息较为欠缺，将近60%的城市老人对养老机构缺乏了解，他们中不愿入住者绝大多数是由于对养老机构缺乏了解。而了解老年机构的老人中有24.8%愿意入住，高出全部老人14.5%这一比重10.3%，那么既了解养老机构又愿意入住的老人占全部老人的比重为10.3%，不了解养老机构又愿意入住的老人占4.2%。可见,养老机构知识与信息的普及程度是影响老年人选择的一个因素。

表3-2　老年人入住养老机构的意愿分析

是否了解养老机构		是否愿意入住养老机构		合计
		否	是	
否	数量/人	2 297 358	174 871	2 472 229
	比重/%	55.1	4.2	59.3
是	数量/人	1 265 121	429 976	1 695 097
	比重/%	30.4	10.3	40.7
合计	数量/人	3 562 479	604 847	4 167 326
	比重/%	85.5	14.5	100.0

注:根据2006年城乡老年人生活状况追踪调查抽样数据整理。

之后,2010年对中国城乡老年人口状况又一次进行追踪调查,数据表明,全国城市老人愿意入住养老机构的比率为11.17%(吴玉韶、郭平,2014),入住意愿并未上升,反而下降。

除全国性调查外,部分老龄化程度较高的省(区、市)对养老意愿也展开了地方性调查。一项对上海市5 000名老年人的调查结果认为,在不考虑如经济能力等任何影响因素的情况下,约13%的老年人选择机构养老(刘红,2009)。2008年10月24日,上海市老龄委和上海市人口计生委联合举行的新闻发布会公布的户籍老年人日常生活情况及养老意愿的调查结果显示,86.97%的老年人希望居住在家里,由儿女、保姆或社区养老服务中心来照顾,只有10.75%的老人希望住养老机构。北京市西城区2013年对60岁及以上老年人进行了调查,统计结果显示,愿意入住养老机构的老年人达到25.8%[①]。

值得注意的是,以上被调查的老年人均为居家养老老人,未包含已入

① 根据北京市西城区老年人基本情况和服务需求调查数据整理。

住养老机构老人。换句话说，有入住意愿的老年人均为未来潜在入住者，而真正有需求又有条件者已经入住。

根据调查结果，居家养老仍是绝大多数老人的理想模式，选择居家养老的最低比重达 74.2%，大多数调查结果显示的数据在 80% 以上。因此，从居住意愿上看，居家养老仍是我国老年人的希望养老模式（表 3－3）。

表 3－3　老年人意愿养老模式选择　　单位：%

年份	调查范围	居家养老	机构养老
2006	全国	85.50	14.50
2010	全国	88.83	11.17
2008 *	上海	87.00	13.00
2008	上海	89.25	10.75
2013	北京西城	74.20	25.80
2011 * *	北京	90.00	10.00
2010	北京海淀	75.10	24.90

注：＊指调查时间根据文献资料估计。

＊＊指根据《北京城市居民的养老模式选择及其合理性分析》中数据测算。

对老年人入住意愿的数量应客观、辩证地看，有的学者将其过分夸大，似乎不建设养老机构老年人将无处养老，错误地把意愿比例当作实际比例。老年人入住养老机构的意愿并不代表他们未来的实际选择，仅存在潜在可能性，仅表明这些老人可以接受机构养老的方式，意愿并不是希望，愿意入住养老机构是他们在配偶、子女无法提供照料时的无奈、被动选择，他们的实际状态是未选择机构养老。反过来讲，调查时“不愿意选择机构养老”的比率反映的是不接受机构养老者的情况，他们现在未入住养老机构，未来入住的可能性也极小，是家庭养老模式的坚定选择者。愿意选择养老机构的比率（机构入住意愿率）远高于实际入住机构养老的比率，更多传递的是我国城市老年人对入住养老机构行为模式观念转变的信息，从不接受、传统观念禁锢向能够接受、养老观念更加开放、思想更加包容、养老模式更加多元化的方向发展。

机构入住意愿率固然有其重要的学术及实践价值,但从意愿到实际,中间的路还很长。老年人到达生命的何种状态才有真正需求,经济条件能否允许,性价比是否在自己可接受范围,距离远近,医疗照料资源是否充足,服务质量高低,能否选到满意的机构,甚至子女的态度等都可能导致最终不在机构养老。

因此研究老年人住房建设,既要考虑机构入住意愿,更重要的要研究实际入住状况。

3.2.1.2　实际比例

意愿比例表现出未来老年人对养老机构的接受程度,并不代表老年人的内心理想愿望。实际入住则表现出老年人养老模式的实际需求并付诸实施的情况。将我国城镇老年人实际入住养老机构人数除以城镇全体老年人人数计算养老机构入住率(表 3 - 4),可以看出,2004 ~ 2012 年 9 年中,2011 年之前养老机构实际入住率均未突破 1%,2011 年首次超过 1%,2012 年仍稳定在 2011 年的水平。

表 3 - 4　我国 2004 ~ 2012 年城镇养老服务机构入住率

年份	城乡老年人口数/人	城镇老年人口占老年人口比重/%	城镇老年人口数/人	城镇年末在院老年人数/人	机构养老比重/%	居家养老比重/%
2004	14 784	42. 1	6 220	46. 6	0. 75	99. 25
2005	14 408	41. 8	6 018	50. 3	0. 84	99. 16
2006	14 901	41. 0	6 110	49. 4	0. 81	99. 19
2007	15 340	42. 7	6 547	61. 1	0. 93	99. 07
2008	15 989	43. 9	7 024	65. 9	0. 94	99. 06
2009	16 714	46. 1	7 699	67. 8	0. 88	99. 12
2010	17 765	44. 1	7 832	71. 4	0. 91	99. 09
2011	18 499	45. 4	8 393	94. 3	1. 12	98. 88
2012	19 390	47. 2	9 150	100. 6	1. 10	98. 90

资料来源:城乡老年人口数来源于《中国民政统计年鉴》。

注:1. 老年人口数指 60 岁及以上人口数。

2. 城镇老年人口数 = 城乡老年人口数 × 城镇老年人口占城乡老年人口比重。

3. 城镇机构养老比重 = 城镇年末在院老年人口数 ÷ 城镇老年人口数。

从老年人实际选择养老模式的结果来看，中国老人偏爱居家养老。入住养老机构的比率始终维持在很低水平，大大低于受儒家传统文化影响的东亚国家的3%的水平，更低于西方国家5%的水平（李沛霖，2008）。我国99%的老人居住在家庭中，家庭普通住房是我国老年住房的最主要形式，承载着绝大多数老人，而养老机构只能算作零星点缀。

3.2.1.3　养老机构意愿入住率与实际入住率的关系

养老机构意愿入住比率与实际入住比率之间存在着巨大差距，究竟意愿转化为实际或者说需求转化为有效需求的比率有多高，需要进行探究。

通常意愿入住率调查对象为非机构老人，实际入住率则包含了全部老人，下面对其数量关系进行推算：

若：x——意愿入住人数，y——实际入住人数

a_1——未入住养老机构人数，a_2——已入住养老机构人数

i_1——意愿入住比率，i_2——实际入住比率

$\frac{y}{x+y}$——意愿转化为实际的比率

$$\because \frac{x}{a_1} = i_1,$$

$$\frac{y}{a_1 + a_2} = i_2$$

$$\therefore \frac{y}{x} = \frac{i_2(a_1 + a_2)}{i_1 a_1}$$

则：$$\frac{y}{x+y} = \frac{i_2(a_1 + a_2)}{i_1 a_1 + i_2(a_1 + a_2)}$$

根据公式以2006年了解养老机构情况老人意愿入住率14.5%，全部老人实际入住率0.81%为例，推算意愿转化为实际的概率仅为5.64%。

养老机构的住房考虑了老年人的特征，更适合老年人的生理、心理特征，然而大多数老年人并未选择养老机构而仍然选择居家养老，仅5.64%的意愿最终转化为实际，巨大差距的背后隐含着强烈的抑制因素。

第一,中国传统观念不支持机构养老模式。养老机构是舶来品,并未得到中国老年人的青睐,中国传统养老模式是居家,是“养儿防老”。老人入住养老机构是被抛弃、子女不孝、老人孤苦,子女会陷入自责,产生内疚及负罪感。虽然这种传统观念正在淡化,生活在现代社会的人们越来越注重现实的切身感受和实际的生活质量,但不能否认大多数老人仍受传统观念左右。入住养老机构意愿研究表明,即使意愿率最高的独生子女家庭也仅占 40%①,不足半数,大多数老人不接受养老机构养老的方式。

第二,经济能力制约老人入住养老机构。价格实惠的公办养老机构一床难求,老年人很难取得入住资格,更多老人选择民营养老机构,这类机构大多是营利性质(虽然注册类型为非营利性),其收费标准根据老人身体状况及机构设施条件不同而不同。有些老年人收入较低,无能力承担这笔费用,这是制约老年人入住养老机构的现实因素。

第三,入住养老机构打乱了老年人多年建立起来的人际关系,减少了其多年形成的非强制性角色。由于居住场所的变化使老年人多年建立起来的邻里关系、同事关系、朋友关系等被打乱,甚至被打破,不同群体之间交往减少,老人根本无法像过去一样保持经常联系。非强制性角色的丧失使老人易陷入心理孤独,生活失去诸多乐趣,严重降低老年人生活质量。而养老机构老人之间的关系建立需要一个较长的过程,感情是否深厚存在许多不确定因素,新环境会增加老人的陌生感、不安全感、不稳定感。

第四,养老机构因缺乏其他年龄群体的居住而显得死气沉沉,对老人心理产生消极影响。入住养老机构意味着老年人过的不再是正常的家庭生活而是异样的特殊生活。放眼望去,养老机构全是白发苍苍的老人,这里没有孩子,没有年轻人,没有正常混杂居住的各年龄人群,更多的是听到某位老人去世,这势必打击老年人,造成消极影响,这种居住人群的高度一致不利于老人的正常心理发展。

---

① 根据 2006 年城乡老年人生活状况追踪调查数据整理。

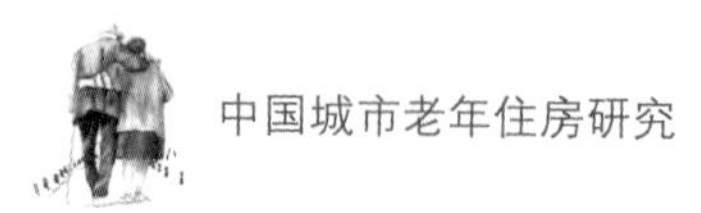

3.2.2 居家养老与机构养老生活质量对比

就居家养老与机构养老比较而言，居家养老更适合老年人，居家养老主观幸福感更强，生活质量更高。桂莹等对遵义市不同养老模式下老年人生活质量进行调查分析，结果表明，家庭养老模式下老年人的生活质量更高，机构养老模式下较低。研究从生理领域、心理领域、社会关系领域、环境领域、自评分五个方面展开，机构养老老人在上述几个方面的得分均大大低于家庭养老老人。邢华燕对郑州市的调查结果得到同样结论，居家养老老人生活质量高过机构养老老人。顾大男、柳玉芝利用中国老年健康影响因素跟踪调查（CLHLS）数据统计分析的结果表明，与居家养老老人相比较，机构养老老人总体健康状况相对较差，死亡率较高。

这种结果的一个原因是老年人对家庭的重视和依赖程度较高，居家养老老人居住环境熟悉，社交活动丰富，人际交往多，获得较多的社会支持，入住机构后，人与人之间的社会交往减少，而那种见面打招呼层面的不远不近的交往增加了。机构养老的服务质量低、设施不齐全、功能不完善，管理理念落后也是造成老年人生活质量低的重要原因。另一个原因是入住机构后，社会角色的进一步丧失对老年人身心健康产生消极影响。应该将社会角色的丧失尽可能降低，同时社会、家庭角色的延续而不是中断也将对老年人身心健康发挥着重要作用。

可见，我国老年人偏爱居家养老，无论从意愿比率还是实际比率，老年人以压倒性的优势选择居家养老。从质量上看，通过对入住机构老人与居家生活老人的比较，可见老年人居家养老可以获得更高的生活质量，减少死亡事件的发生。

3.3 养老机构需求趋势的分析

我国未来仍以居家养老为主流模式，但我国特殊的国情决定了对养老机构的需求将快速增长。

2006年全体老人的机构入住意愿率达到14.5%,了解养老机构的老人达到25%,因2006年调查对象是居家老人,即未入住养老院的老人,加上实际已经入住者这一比例更高。也就是说我国大约有25%的老人可以接受机构养老模式。虽然较高的入住意愿比例并不代表实际,但至少表明如此高比例的老人接受机构养老模式,在他们生命的特殊阶段,如身体需要照料时,有入住需求时选择机构养老的可能性是存在的。较高的入住意愿同时表明我国传统的对养老机构的排斥观念正在弱化。另外,2004~2012年实际入住机构的老年人数量不断增长,既有来自老年人总数量增长带来的规模效应,也有来自入住比率增长的比率效应。可以预见,未来迫于外界压力不得不入住养老机构的老人将快速增长。

3.3.1 未来居家养老的家庭人力资源不足,传统居家养老模式受到挑战

我国入住养老机构的老年群体与西方国家有很大差异。西方国家入住养老机构的直接原因是身体机能下降,健康状况出现问题,需要长期照料,如果身体得到康复可能重返家庭,入住机构可能是阶段性的;我国老人是否入住机构主要取决于家庭照料资源是否丰富。2002年调查显示,入住机构老人50%无子女,30%有存活子女但不在身边,20%居住在附近但无暇照顾,子女因素成为入住机构的关键因素。2009年民营养老机构调查结果显示,子女无力照料的占28%,老人不愿意给子女添麻烦的占69%,子女仍是老人入住养老机构的重要影响因素。鉴于我国城市大量独生子女家庭存在的现实状况,以单个家庭为养老单元的传统模式必然受到巨大冲击,将失去其存在的物质基础。我国传统养儿防老模式将因为儿子数量的减少甚至儿子角色的缺失而变得不再现实,后面内容的数据分析显示独生子女家庭老人入住养老机构的意愿远高于非独生子女家庭老人,这种差异

正是老年人理智选择的具体体现。现有老人子女数量较多,养老的人力资源相对丰富,拥有3~4个子女在老人中属普遍现象,老人居家养老具有一定的现实条件。当老人需要照料时,子女及其配偶甚至孙辈子女都可以提供一定的帮助,即使个别子女在外地工作不与老人同住,但仍会有1~2个子女在老人身旁,入住养老机构的压力并不大。如果老人是独生子女的父母,在身体条件允许的情况下实现居家养老尚有可能,一旦丧偶或需要长期照料时,子女既要上班又要照顾老人,同时还背负照料下一代的压力,会显得力不从心,老人入住机构的概率大大增加。

子女数量的减少还将打破我国传统养老的差序格局。那种以老年人为中心,以家庭为最核心圈层,以体现血缘、地缘关系为基础的亲属、社区、社会为依次圈层的养老差序格局将受到冲击。研究表明,在老年人的日常照料体系中,配偶是照料的核心,当配偶角色丧失时,由于照料的替代效应子女上升成为主要照料者,但独生子女承担老人照料重任不太现实,因此以家庭为最核心圈层的格局将因子女数量过少而失去赖以存在的基础,而体现社会化养老的社会、社区以及亲属朋友关系将上升成为老年人日常照料的重要圈层。养老机构中养老资源的社会化属性决定了其作用的上升(杜鹏、王红丽,2014)。

利用社会资源雇用保姆同样是解决办法。我国小时工或保姆的来源主要为农村无工作女性,但农村子女数量同样急剧减少,届时能有多少劳动力承担这一工作仍不确定,整体劳动力市场供给量的未来走向必然呈现下降趋势。过去服务行业为清一色年轻人的时代已一去不复返,取而代之的是随处可见的中年人,这一现象表明劳动力供给由丰富走向短缺。人口红利消失,劳动力价格上升,未来可能只有高收入家庭才雇得起保姆,入住养老机构、共享资源的优势就显现出来了。

3.3.2 居家养老的社会化服务尚不发达

《中国老龄事业发展"十二五"规划》中提出的发展目标为建立以居家

为基础、社区为依托、机构为支撑的养老服务体系，居家养老和社区养老服务网络基本健全，全国每千名老年人拥有养老床位数达到 30 张。《“十三五”国家老龄事业发展和养老体系建设规划》中再次提出，居家为基础、社区为依托、机构为补充、医养相结合的养老服务体系更加健全。但目前我国老年社区服务极为薄弱，虽然有依托社区的老人服务，但并不发达，与发达国家和地区相比仍有较大差距。有些城市在政府的号召下虽然建立了老年人服务中心，但由于服务观念不强，管理不善，建设定位及思路不清，利用率较低，对居家养老的作用并未按照预设的那样发挥出来，笔者对某中等城市的老年服务中心进行调查时发现，服务中心设置的电脑室里空无一人，前往就餐老人仅 3 ~4 人，相对于笔者走访的韩国方背老年社区服务中心有很大差距。由于管理服务水平低，老人对社区服务模式的认可度较低，健康老人选择社区服务养老的比例仅为 3.6%，生活需要照顾的老人选择社区服务养老的比例仅为 15.9%。因此，虽然国家在大力提倡社区服务，但道路仍然漫长，并非一朝一夕能够完成，在依托社区的老年服务跟不上老龄化步伐时，原本通过社区服务可以实现居家养老的老人将不得不选择机构养老，更多老年人会依赖专业化的养老机构实现集体养老、社会养老。

家庭照料资源不足，原有的养老差序格局被打破，雇用保姆成本上升将引起未来机构养老需求快速增长。社区养老依赖的社区服务的发展对稳定居家养老模式至关重要，目前的低水平发展对居家养老的作用有限。

3.4　老年地产需求趋势的分析

老年地产在我国尚属新生事物，并未出现蓬勃发展的局面。近几年，知名房地产开发商纷纷试水，既看到老年地产的广阔前景，又畏缩于开发模式的不确定性与不成熟性，失败案例比比皆是。总的来说，因其开发难度较大，目标人群为中高端人士，只在发达城市出现零星楼盘。

包括家庭养老范畴的老年人住宅及机构养老范畴的老年公寓的老年地产，通常设施完善、服务周到、环境优美，从室内设计到室外环境，处处考虑老年人生理心理需求，是老年人养老的理想选择，但这类住房最大的制约因素在于价位过高。以北京太阳城老年公寓为例，20～30平方米的住房，如果押金20万元，则每月服务费用需要3 000～4 000多元（含餐）。泰康人寿燕园除20万元的入门费，最低档80万元的卡费，外加每月6 800元（含1 800元餐费）[①]的服务费，是一般工薪阶层老人无法承担的。据笔者调查了解，交费入住老人多为高知、高干，但费用绝大多数由子女承担。较高的价位注定了购买者数量极其有限。

3.5 不同类型老年住房建设关系的确定

机构实际入住率1.1%的数据表明，我国城镇老年人以压倒性的数量优势选择居家养老。我国老人偏爱居家养老，家庭是养老的最佳场所，养老机构只能是老人生命的特殊阶段或者确因居家照料出现重大问题时的无奈选择，主动选择入住养老机构的老人寥寥无几，仅占3%[②]。居住养老机构老人大多数是无子女、子女不在身边或在身边无暇照料者。养老机构老人与居家老人的对比研究结果表明居家养老老人的生活质量高于机构养老老人，居家养老是老年人最佳选择。我国老年住房建设的目标应该使老年人尽可能实现居家养老愿望，尽可能长时间地居住在家庭，延长独立生活时间。

我国政府始终把居家养老作为工作重点，2008年提出《关于全面推进居家养老服务工作的意见》，大力推进居家养老服务的发展。2006年全国

① 实地调查数据。

② 2010年民办养老机构调查数据。

老龄委办公室、发展改革委、教育部、民政部等10个部门联合下发《关于加快发展养老服务业的意见》，指出“要逐步建立以居家养老为基础、社区服务为依托、机构养老为补充的养老服务体系”。2013年《国务院关于加快发展养老服务业的若干意见》中提出“以居家为基础、社区为依托、机构为支撑的养老服务体系”，居家养老的基础地位始终没有改变。

普通住房是我国居家养老的场所和重要物质载体，要巩固居家养老，实现老年人居家养老的意愿，普通住房的建设显得尤为重要，应将普通住房建设作为整个老年住房建设的基础。基础稳了，整个老年住房体系的大厦才能稳，应将其作为建设重点，因为普通住房的建设惠及绝大多数老人，一旦提高了家庭住房质量将意味着提高了绝大多数老年人的生活质量。住房的建设具有长期性，今天的中年人住房就是明天的老年人住房，在今天设计建设时如果考虑了未来进入老年期的种种需求，则未来改造的难度就会降低，就地养老就会更加成功。从费用上考虑，今天建设时的少量投入将为未来改建改造节省大量资金，因此整体长远来看是对整个社会资金的节省。

我国家庭养老的人力资源严重不足，家庭养老功能弱化，养老的压力自然由家庭转向社会，寻求家庭之外的社会力量，养老机构是得到普遍认可的、最易获得的社会力量。在我国，选择养老机构的老人会在一段时期出现快速增长，1980年20~30岁人群在2010年开始进入老龄，到2020成为中龄老人，到2030年开始步入高龄。中龄至高龄以后老年人身体的自理状况开始明显下降，对机构的需求和依赖会大大增加，因此，对养老机构的需求将出现快速持续增长，未来养老机构的建设将成为我国老年住房建设的重要补充。

养老地产具有房地产的特质，从土地划拨、住房建设、房屋销售到后续养老服务均有其特殊性与复杂性，如何建设仍在摸索过程中。从已有养老地产的价格定位来看，基本面向中高收入人群，数量极其有限，处于零星点缀状态，但养老地产在我国尚属新生事物，国外的成功开发表明其具有一定生命力，在整个老年住房建设体系中处于生长点的地位。

综上，未来老年住房建设体系应以普通住房建设为重点，以养老机构建设为补充，以养老地产建设为生长点。

因此，在未来老年住房建设中要牢牢把握重点与一般、主与辅的关系，避免两个问题的出现。

一是避免对老年人普通住房重视不够，将本该重点建设的普通住房淡化处理，对普通住房的建设容易被忽视。其一，老年人都有自己的住房，住房问题不会突然爆发，引起社会剧烈动荡不安。其二，老年住房的改善传统上依靠个人家庭的力量解决，没有来自政府正式支持的渠道。重点建设普通住房不仅仅因其数量上占据绝大多数，更为关键的是普通住房的建设关乎未来，只有做好今天中青年人的住房建设，才能做好未来老年人的住房建设。其三，建设好老年普通住房，可以提高老年人生活质量，减少发生摔倒等事件的概率，让老年人生活得更加健康，减少医药费的开支，这本身就是节省财力，是对社会的贡献。建设好家庭普通住房，通过安装紧急呼叫系统、安装扶手的少量投入就可以实现老年人独立在自己家中生活的愿望，与新建养老机构的巨额投入、入住养老机构的费用相比是巨大的节约。目前对我国老年家庭普通住房的建设几近空白，无论已有老年住房的改造还是未来老年住房的建造均未得到政府的支持。

二是避免养老机构的过度建设，防止养老机构建设的大跃进。相关养老机构的研究用到西方国家每千人床位数的指标，认为我国养老机构数量太少，必须加大建设力度。现实中，有条件的地方政府对新建养老机构进行大力度补贴，以促进养老机构快速增长，事实上，我国老人并不热衷于在养老机构养老，更喜欢居家养老，特别是当社区服务机构逐渐发达、完善，老人因家庭照料资源不足引发的问题得以妥善解决之后，居家养老的根基能够更加稳固。另外，西方国家较高的床位拥有率与其较高的入住率相匹配，我国城市老人实际入住比率仅为1%左右，盲目按照西方标准或某一比率大规模建设养老机构而无视各地实际必然造成床位空置，造成社会资源浪费，甚至出现建设资金被套取的后果。因此，应在合理计算、科学把握的基础上适度建设，把有限的财力合理分配在家庭住房建设、社区服务机构建设和养老机构建设上来，避免养老机构建设的大跃进。

老年人普通住房、养老机构与养老地产构成了整个老年住房体系，各部分建设之间相互联系、相互影响。普通家庭住房的好坏影响着是否入住机构养老的选择，有分析结果表明，住房状况越好的老人越倾向于居家养老，没有产权、面积狭小、配套设施不完善的老人更倾向于机构养老（周俊山，2010），高晓路（2012）对北京市居民的研究表明，住房面积大于120平方米的老年人对养老机构的需求强度为0，而小于120平方米的老年人需求强度为1.48～1.62。如果把入住养老机构看作迁移行为，家庭看作迁出地，养老机构看作迁入地，则家庭住房越好，越适合老年人居住，对老年人的推力越小。就入住养老机构的原因而言，仅有3%老人出于对养老机构的喜欢而主动入住，大部分迫于家庭的推力而被动入住。因此，建设好家庭普通住宅，能够让更多老年人实现居家养老的愿望，让老年人生活得更好，同时建设好家庭普通住房有利于减轻养老机构建设的压力。建设好包括老年人服务中心、日托中心、护理中心等在内的非长期住宿型的养老机构有助于稳定家庭养老的根基，老人晚上在家居住，仍然享受天伦之乐，白天子女上班，老人的照料依托日托中心、护理中心等机构，实现依托社区的居家养老。此外，这些机构如果建设得好，老人可以更多地参加各种社团活动，参加康复锻炼，丰富生活，健康体魄，提高生活质量，延长健康期，延长老人独立生活的时间。

养老地产的建设如果能够更加贴近普通老年人，则会使更多老年人受益，在这里既享受居家的种种优势，又享受集中养老的便利，使有照料需求的老年人生活得更加幸福。如果以普通住房为基础的反抵押贷款或其他形式的以房养老能够实现，则老人可以利用这笔资金居住在养老地产的居室中，居家养老得以实现，或享受高层次、高服务的养老公寓。因此，养老地产发展得好可以巩固居家养老，普通住房利用得好，可以促进养老地产的发展。

3.6 本章小结

目前，我国城市老年住房建设中，对家庭普通住房的建设投入几近空白，养老机构建设则如火如荼，老年住房建设的重点究竟应该在哪里，不同类型老年住房之间存在怎样的关系是本章研究的重点。

老年住房类型与老年养老模式紧密相连，研究从老年人养老模式的选择展开。养老模式决定着不同类别住房的数量比例关系及质量特征，养老模式以居住地为标志分为居家养老与机构养老。虽然居家养老与机构养老各有优劣，但从二者的比例关系来看，我国老年人以压倒性的数量优势选择居家养老，各种调查显示的居家养老的最低意愿比率达到 74.2%，而实际比率达到 98% 以上。就两种养老模式下老年人生活质量而言，居家养老老人生活质量更高，死亡率更低。由此，居家养老模式应是我国城市老人的理想模式，老年住房建设的目标应该使老年人实现居家养老愿望，为老年人更长时间地留在家中创造条件。家庭住房是居家养老的物质载体，家庭住房承载着绝大多数老年人，应成为老年住房建设的重点。家庭住房建设得好能将更多老人留在家中，实现老人居家养老的愿望，延长老年人居家养老的时间，减少对养老机构的需求，减轻养老机构建设的压力。

机构养老虽然目前占比极低，在养老体系中处于补充地位，未来的从属地位也不可能改变，但由于家庭养老赖以存在的人力资源严重不足，原有的养老差序格局被打破，雇用保姆维持居家养老的成本上升，家庭养老功能弱化，养老的压力自然由家庭向社会转移，寻求家庭之外的社会力量，养老机构成为最易获得的、得到认可的替代资源。从机构入住实际情况来看,2004 ~ 2012 年入住人数不断增长,既有来自老年人总数量增长带来的规模效应,也有来自入住率增长带来的比率效应。可以预见,这种增长在未来几十年还将持续。而我国养老机构基础的薄弱性决定了未来养老机构的建设将任重道远,养老机构建设在我国未来城市老年住房建设体系中处于重要的补充地位。

养老地产具有房地产的特质,与一般房地产项目相比具有特殊性与复杂性,目前尚无成熟模式可以套用,如何建设仍在摸索过程中。从已有养老地产的价格定位来看,基本面向数量极其有限的高收入人群,因此,不可能成为主流模式,在整个老年住房建设体系中处于零星点缀状态。但这类住房在我国尚属新生事物,具有一定生命力,是实力雄厚的开发商追逐的方向,从未来建设的视角来看是老年住房建设的新的生长点,需要适度培育。

在上述分析的基础上提出老年住房建设应以普通住房建设为重点,以养老机构建设为补充,以老年地产建设为新的生长点。老年住房建设中应避免两个问题:一是避免对老年人普通住房重视不够,将本该重点建设的普通住房放在次要位置,缺乏对老年普通住房的必要投资。对普通住房的建设着手现在,着眼未来,看似增加投入,实则减少支出。二是避免养老机构的过度建设,防止养老机构建设的大跃进。

老年人普通住房、养老机构与老年社区三种类型住房建设之间既相互独立,又相互联系、相互影响。普通家庭住房建设得好坏影响着老人是否入住养老机构,研究表明,家庭住房状况越好的老人越倾向于居家养老,没有产权、面积狭小、配套设施不完善的老人更倾向于机构养老,入住养老机构可以看作从家庭向机构的迁居活动,家庭住房的推力越大,入住机构养老的可能性越大。大力发展、完善老年人服务中心、日托中心、护理中心等短期非住宿型的养老机构有助于稳定家庭养老的根基,将更多老人留在家中。将居家养老的优势与集中养老的便利融合在一起的老年社区,如果开发得当,适合我国老年人实际,则老年人同样可以实现居家养老的意愿。

第 4 章

老年人普通住房问题分析及未来建设

老年人普通住房是老年住房建设的重点,弄清其存在的突出问题是做好建设的前提和基础。老年人普通住房存在的突出问题可以从三个方面进行研究:一是老年人住房处于优势还是劣势;二是老年人住房存在的困难人群,其主要特征是什么;三是老年人住房的适老性问题。在分析问题的基础上提出老年人普通住房建设的对策性建议。

4.1 老年人住房状况的优劣比较

几乎所有人的直接感觉是老年人住房优于其他人群,老年人在住房上处于优势,老年人住房问题并不突出。原因在于大家普遍认为老年人是福利分房的受益者,是住房改革的受惠者,几乎所有老年人拥有自己的住房。因此国家应把住房建设的重点放在年轻人身上,但事实究竟如何?我们选用 2000 年第五次全国人口普查数据、2010 年城乡老年人生活状况追踪调查数据、2011 年中国老年健康影响因素跟踪调查(CLHLS)数据对老年人住房状况进行比较研究。

4.1.1　利用2000年第五次全国人口普查数据进行研究

利用2000年第五次全国人口普查数据将老年人住房与其他人群进行统计数据对比,研究范围选择城市。普通住房的主要特征包括产权状况、数量大小、质量优劣、设施配备4大类12个指标(图4-1)。为减少相同家庭重复计算问题,统计时按户主进行,通常住房产权人与户主存在一致性,一个随迁的老人不大可能成为一户之主,同样,一个已经结婚居住在父母房子中的子女也不大可能成为户主。笔者对全部老人的统计与按户主的统计进行对照,发现二者非常接近,并不影响结论,按户主统计具有较高的代表性。

4.1.1.1　产权

中国人对拥有自己的住房有着特殊的情结,产权对老年人具有更加重

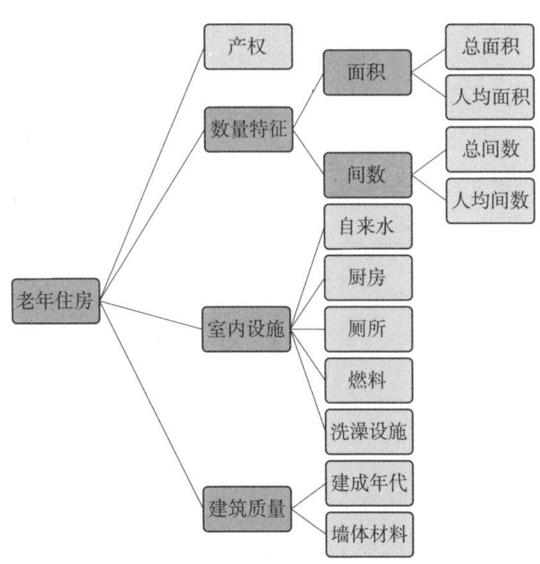

图4-1　老年人住房指标体系

要的作用。第一,拥有自己的住房代表着拥有可观的财富,近十几年来住房价格的上涨使得拥有一套住房即便是年代久远的老式住房也具有不菲的价值,住房与财富紧密相连,是财富积累的重要体现。第二,拥有住房产权使老有所养得以更好地实现,根据交换理论,代际关系通过资源进行交换,老年人拥有的资源越多越有可能交换到其他资源。老人以住房为条件要求子女尽到赡养责任,不尽赡养义务的将得不到房产,有些子女为了得到父母的住房便主动承担起父母的照料重任,拥有住房产权对子女照料无形中起着积极的促进作用,社会上许多老人的赡养问题也由住房分配不公而引起。第三,拥有产权意味着老人可以自由支配、处置自己的房产,实现以房养老。老人可以出租房屋获得租金,以租金养老,还可以将房子反抵押贷款,获得资金,更好地改善自己的生活条件。第四,拥有产权可增加老人心理安全感和自信心,拥有自己可以支配的房产让老人感觉自己一生比较成功,从而增强自己生活和处理问题的信心,带来心理的正面效应。第五,是否拥有住房产权影响着老人的家庭地位。居住在自己的房子中意味着老人是一家之主,是家庭的核心,中心地位更为突出,若子女与老人同住则子女归依于老人,处于从属地位。如果老人居住在子女家中,尽管居住条件可能更加优越,但是老人处于依附和从属地位,子女乃一家之主。可见,产权影响其在家庭中的地位。

根据蔡林的研究成果,2000 年城市居住在家庭户中的老人有 79% 拥有住房产权,周峻山利用2006 年中国城乡老年人口状况调查数据得出的城镇这一比例为 74% ,二者较为接近。这一比例在国际上处于较高水平,我们没有查到日本城市老年人住房拥有的产权比例,但就日本全国来说,1998 年为 80% ,城市因为土地短缺,住房价格较高,一般产权拥有率低于农村,所以估计日本城市产权拥有率低于该水平。2001 年英国城乡全部老年人住房拥有率仅为 68% 。

我国老年人较高的住房产权拥有率得益于 20 世纪的城市住房改革。

在计划经济时代,住房福利具有普惠性。住房优劣依赖于单位解决职工住房的能力,如果一个单位有能力解决住房问题,则通常惠及大多数甚至全体职工,职工住房的差异主要在于位置优劣和面积大小。在这样的历史背景下,大多数职工拥有自己的公有住房,而随着国家住房制度改革不断深化,公有住房逐渐私有化,大多数老人因而拥有属于自己的住房。从2000年第五次全国人口普查数据可以看出,购置原公有住房的占老年人的37%,占有产权老人的将近一半,这是住房制度改革的巨大成效。另有将近1/3老人通过自建住房获得,较高的比例源于1983年原城乡建设环境保护部发布了《城镇个人建造住宅管理办法》,允许城镇职工自建住房解决住房问题。

20岁以下人口并未成家,分析其住房意义不大,另外他们数量有限,样本分布过少,分配到各组可能出现不具备统计学意义的情况。因此年龄组划分从20岁以上开始,分为7组。其中,60~69岁为低龄老年人(年轻老年人),70~79岁为中龄老年人,80岁及以上为高龄老年人。

住房产权拥有率最高的人群是50~59岁年龄组,占78%,这是中年组最有经济实力的人群,也是人生财富积累达到峰值的年龄。之后,当进入老年组,其经济收入有所下降,同时消费支出增加成为消费群体,人口学也因此将其纳入被扶养人口范围。住房产权拥有率位居第二的是年轻老年人,产权达到77%,70岁以上老人则随着年龄的增高,产权拥有率快速下降。除年轻老年人外,中高龄老人的住房产权拥有率不仅低于平均水平,而且低于30~39岁及40~49岁人群。所以那种认为老年人住房不存在问题,基本上每个老年人都拥有自己住房的观点值得商榷。

4.1.1.2　老年人住房的数量特征

住房的数量特征按住房面积和住房间数进行分析。住房面积和住房间数又分别分为总量指标和人均指标。

(1)住房面积

我们经常使用的面积指标有建筑面积、使用面积、居住面积。建筑面积是指居住建筑的全部建筑面积，即各层外墙皮内的全部楼面积，包括各居住单元的居住面积、辅助面积、公共面积和结构所占的面积。结构面积是指构成房屋承重系数，分隔平面各组成部分的墙、柱、墙墩以及隔断等构件所占的面积。辅助面积是指住宅建筑各层平面中不直接供住房生活的室内空间净面积，即分户门内的走道、厨房、卫生间、储藏室等居民居住用辅助场所所占面积的总和。以“套”为单位的商品房建筑面积，由自用建筑面积和合理分摊的公用建筑面积两部分组成。

使用面积是指住宅中分户门内全部可供使用的净面积，包括专供日常生活起居使用的卧室、起居室和客厅（堂屋）、亭子间、厨房、厕所、室内走道、楼梯、壁橱、阳台、地下室、假层、附层（夹层）、阁楼（暗楼）等面积，使用面积按房屋的内墙线计算。所谓净面积就是要除去墙、柱等建筑构件所占有的水平面积（即结构面积）。

居住面积是指住宅分户门内的卧室、起居室等的面积，不包括厨房、卫生间、阳台等，客厅和室内过道的面积超过 6 平方米时，按其面积的一半计算在居住面积中。

三种面积指标中，居住面积最小，使用面积次之，建筑面积最大。

以住宅使用面积除以建筑面积所得的百分比，就是平常所说的得房率；用得房率可以实现使用面积和建筑面积的换算。如 2000 年第五次全国人口普查的指标解释中这样写道：如果只知道使用面积的，则可用下面的公式计算：

建筑面积 = 使用面积 ÷ 0.7

显然，该公式是按通常 70% 的得房率推算的。

十几年来，我国一直用“人均居住面积”来反映居民的住房水平，这一指标把居住面积仅规定为卧室面积。中国房地产协会会长杨慎在谈到这一问题时介绍，人均居住面积是 1985 年我国进行第一次全国城镇房屋普查时由建设部和国家统计局共同设计的一个指标体系。当时，只计算卧室面积有其历史背景，主要是中华人民共和国成立初期新建住房大多没有客厅，进门就是卧室，甚至厨房、卫生间也是公用的。而现在的新建住房不仅成套率提高，很多呈现“三大一小”特征，即大客厅、大厨房、大卫生间、小卧室，原有的计算方法显然不适应现在的情况。仍用人均居住面积会低估居民的住房水平。2001 年，国家在《国民经济和社会发展第十个五年计划纲要》中正式将“人均居住面积”改为“人均建筑面积”，本研究如无特殊说明，面积指标均采用建筑面积。

住房总面积。首先计算老年人居住的住房总面积。数据表明，50 ~ 59 岁组人口住房总面积在 40 平方米以下的比例最低，进入老年组后这一比例开始上升，60 ~ 69 岁的年轻老年人小幅上升，70 ~ 79 岁老年人这一比例进一步上升，80 岁以上则大幅上升至超过 40%，竟高过 20 岁组。

居住在 70 平方米以下的老年组群体比例仍然偏高，高于平均数，70 岁以上老年组比例最高，年轻老年人的这一比例也偏高，仅低于 29 岁以下人群，比 30 ~ 59 岁的中年人要差。可见，老年人的住房总面积普通偏小，小于 30 ~ 39 岁组、40 ~ 49 岁组及 50 ~ 59 岁组，仅高于 30 岁以下组。

从居住在 100 平方米以上的大房子的比例来看，老年人群仍然处于较差状态，老年组这一比例低于 30 ~ 39 岁组、40 ~ 49 岁组、50 ~ 59 岁组，仅略好于 20 ~ 29 岁年龄组。

可见，老年人住房总面积狭小，居住在小房子中的比例较高，居住在大房子中的比例较低。

人均住房面积。住房总面积仅反映整套住房总体状况，不受家庭人数影响，不能准确反映住房的拥挤程度，而人均住房面积能弥补这一缺陷。

人均住房面积 8 平方米以下为国家划定的住房贫困线，居住在这一贫困线以下的，以 80 岁以上高龄老年组比重最高，高于所有年龄组，达到 8.1%，而年轻老人比重较低，中龄老人则处于中等水平。从人均住房面积在 40 平方米以上的分布来看，老年人优于 30 ~ 59 岁的青年组及中年组，说明老年人子女离家,形成空巢居住家庭造成老人人均面积较大。在老年人中,80岁以上高龄老人比重最高,年轻老人最低。应该看到,高龄老人呈现两头高中间低、两极分化的局面,其住房状况不容乐观,而低龄老人和中龄老人人均面积指标较好。

(2)住房间数

住房间数是表明数量特征的另一重要维度,从住房总间数和人均住房间数予以考察。

住房总间数。家庭住房间数随着年龄变化而变化,住房间数在1间的以29岁以下组最高,之后随年龄增长而比例下降,在50~59岁组达到最低,进入60岁略有回升,在70~79岁组、80岁以上组大幅回升,特别是80岁组回升至20~29岁组水平,处于较差水平。住房间数在2间、3间的为正常水平,4间以上者家庭较少,属住房条件较好者,老年组居住在4间以上住房中的比例并不差,虽低于50~59岁组,但高于其他年龄组,呈现出两极分化状况。

从家庭户的平均住房间数来看,全部家庭均值在2.2间,最高为50~59岁组,60~69岁的年轻老年人位居第二,70~79岁的中龄老人开始下降,80岁及以上高龄老人下降更多。中龄老人和高龄老人均低于平均水平。老年人整体处于中等水平。

人均住房间数。户主的平均人均住房间数为0.85间,大多数家庭达不到人均1间的小康标准。老年人住房在人均住房间数指标上表现较好,人均住房间数在1间及以下的比例低于30~59岁的中青年组,而2间及以上的比例高于其他各组,与老年人子女离去,核心家庭规模较小有着直接关系。老年人家庭规模在2人以下的占比为50%~70%,而30~59岁组则为20%~30%。可以说,并非老年人的房子本身较多,而是由于老年人家庭规模较小带来的人均指标较好。结合前文住房总间数可以发现:老年人住房为一居室的比例偏高,特别是高龄老人占比达1/3,而居住在两居室和三居室的比例又低于中青年组。

从数量上看，老年人住房整体处于中等水平，住房总面积处于较差水平，居住在 70 平方米以下的住房中的比重较高，而居住在 100 平方米以上的住房中的比重偏低，而住房间数处于中等水平，人均指标上呈现优势，与老年人家庭规模缩小，空巢率较高有关。

4.1.1.3　住房建筑质量

(1)建成年代

住房建成年代与住房质量密切相关，通常，建成年代越晚，房屋质量越好，室内设计越科学，室外设计越注重绿化、美化，人性化特征越明显。中华人民共和国成立后所建住房具有明显的时代特征，1949 年至改革开放之前住房建设以解决有地方住为宗旨，住房多为筒子楼，无独立使用厨房、厕所；20 世纪 80 年代所建住房希望解决更多职工的住房问题，多为小户型，有厨房、卫生间，但无客厅，有一居间、两居间、三居间；90 年代以后，人们更加注重住房的舒适性，这一时期住房面积更大，建有客厅，开始注重功能分割。住房制度改革之后，通过市场解决居住问题，所建住房更加宽敞，设计合理，外部环境优美，配套设施完善。总的来说，住房建成年代越晚，质量越高、设计越人性化。

老年人住房年代久远是其显著特征，居住在房龄 30 年以上或者 20 年以上的房屋中的比例高于中青年组，中、高龄老年人更是如此，居住在 30 年前房屋中的比重超过所有年龄组，达 1/5 甚至 1/4 之多。而居住在房龄 10 年内的房子中的比重又低于其他年龄组。老年人的住房状况并不乐观，他们只要有一间房子能安身即可，新房子拿来给子女结婚成家使用，以尽自己做父母的责任。

(2)墙体材料

墙体材料是关系到住房的坚固性、耐用性及抵御天气冷热能力的一个重要建筑质量指标。墙体材料中钢筋混凝土材料的房子最坚固，防寒防暑效果最好，砖石材料其次，木、竹、草材料最差，当然这里的木、竹、草材料不是指高级度假村为营造某种效果所使用的材料，而是普通百姓建造住房时所使用的普通建筑材料。我国居民住房以钢筋混凝土和砖石材料为主，其他几种材料仅占不到2%。

不同年龄人群在住房的墙体材料上存在着差异，最好的钢筋混凝土住房中老年人比率明显低于其他年龄，其他年龄占比在40%左右，80岁以上的高龄老人则在30%以下，70～79岁的中龄老人仅占33.20%，而在砖石，木、竹、草材料上的比率又高于其他群体。从建筑质量上看，老年人住房呈现年代久远、墙体材料较差的特征。

4.1.1.4 室内设施

室内设施是否完善关系到住房的舒适性及便利性，室内设施越完善，住房条件越好。现代住房与传统住房、城市住房与乡村住房、发达地区住房与落后地区住房的主要差异在于室内设施。

普查中涉及室内设施项目共五项，包括有无厨房、有无厕所、有无自来水、有无洗澡设施以及主要炊事燃料种类。

从厨房设施来看，老年人拥有独立使用厨房的比例较低，特别是高龄老人低于30岁以上人口的其他所有组，而无厨房的比例高于其他组。从厕所设施来看，老年人拥有独立使用抽水马桶的比例低于中青年组，而无厕所的比例又高于30岁以上人群的其他各组。自来水的供应上各年龄组差异不大，绝大多数城市居民均能够饮用自来水。从洗澡设施来看，统一供应热水无疑是条件最好的供水方式，老年组在该项中的比重最低，低于其他所有年龄组，且年龄越大，比重越低；老年组在家庭自装热水器的比重也低于其他年龄组；无任何洗澡设施的比重却又高于其他年龄组，以70～79岁的中龄老年人为最高，超过半数。在炊事燃料上，老年组与其他年龄组同样存在差异，但差异不大，总体来看，老年人使用燃气的比率略低，而使用煤炭、柴草的比率略高。

总之,老年人住房设施配置不完善是其住房的又一明显特征,与其住房建成年代久远有关。无厨房和厕所的比重偏高,住房成套率较差,使用燃气的比率略低。就自来水来看,城市普及率较高,老年人与其他年龄人群并无明显差异。

4.1.1.5　住房综合指数构建及权数分配

前文从住房的产权状况、数量特征、建成年代、墙体材料、室内设施几个方面对老年人的住房与其他年龄组人群进行了对比分析,但这些分析从单个方面展开,通常在一个指标上占有优势的住房,在另一个指标上不一定占有优势。单一指标的分析并没有将住房视作一个整体加以衡量,缺乏整体印象,得到的结论呈碎片状。为便于综合对比分析,本研究采用综合指数的方法,将住房整体作为分析角度而不是仅将住房的某一方面作为分析角度加以考察,以便更清楚地展现老年人住房与其他年龄群体住房之间的差异。

综合指数由产权状况、数量特征、质量特征、室内设施四部分综合构成(表4－1)。其中产权状况20分,数量特征30分,质量特征20分,室内设施30分。

第一,由于产权对老年人的特殊意义,因此将其赋值为20分,产权根据住房来源考察,“五普”数据中1～4选项,即自建住房、购买商品房、购买经济适用房及购买原公有住房表明拥有产权,赋值20分;5、6、7选项,即租用公有住房、租用商品房和其他项为租用住房或其他情况表明无产权,赋值0分。第二,住房的数量特征用来反映老年人居住空间是否宽敞,长期以来是我国考察住房水平的最重要指标,制定住房困难标准时采用人均面积小于8平方米,制定小康标准时仍是最重要依据,规定我国城市人均居住面积大于35平方米,又提出“户均一套,人均一间”,都将数量特征作为重要内容,因此在综合指数中将其赋值30分,按照住房面积15分和住房间数15分进行考察,二者又分别分为总量指标和人均指标。第三,住房质量以建成年代和墙体材料加以体现，共计 20 分，不同年代建设的住房无不带有时代特征，一般年代越久远质量越差，当然这是按大多数住房建设规律而假定，不排除存在个别特异现象，本研究将其赋值 10 分；墙体材料是住房质量的重要体现，好的材质不仅住房结实，而且防寒防暑效果好，该项分值为 10 分。第四，室内设施关乎人们居住是否舒适方便，是住房质量好坏的重要内容，共 30 分，包括自来水 6 分、厨房 7 分、厕所 7 分、洗澡设施 5 分、炊事燃料 5 分。

表 4－1　住房综合指标权数分配表

综合指数	权数	权数分配	指标权数
产权状况	20 分		1. 有产权 20 分（自建住房、购买商品房、购买经济适用房及购买原公有住房） 2. 无产权 0 分（租用公有住房、租用商品房、其他）
数量特征	30 分	住房总面积（7 分）/m^2	1. 130m^2 以上——7 分 2. 100～130m^2——6 分 3. 80～100m^2——5 分 4. 60～80m^2——4 分 5. 40～60m^2——3 分 6. 40m^2 以下——2 分
		人均住房面积（8 分）/m^2/人	1. 40m^2 以上——8 分 2. 30～40m^2——7 分 3. 20～30m^2——6 分 4. 12～20m^2——5 分 5. 8～12m^2——4 分 6. 8m^2 以下——2 分
		住房总间数（7 分）	1. 3 间以上——7 分 2. 2 间——5 分 3. 1 间——2 分
		人均住房间数（8 分）	1. 1 间以上——8 分 2. 0.5～1 间——5 分 3. 0.5 间以下——2 分

续表

综合指数	权数	权数分配	指标权数
质量特征	20分	建成年代（10分）	1. 1990年以后——10分
			2. 1980～1990年——8分
			3. 1970～1980年——5分
			4. 1970年以前——3分
		墙体材料（10分）	1. 钢筋混凝土——10分
			2. 砖、石——8分
			3. 其他——4分
室内设施	30分	自来水（6分）	1. 有自来水——6分
			2. 无自来水——0分
		厨房（7分）	1. 本户独立使用——7分
			2. 与其他户合用——4分
			3. 无——0分
		厕所（7分）	1. 独立使用抽水式——7分
			2. 邻居合用抽水式——5分
			3. 独立使用其他式样——4分
			4. 邻居合用其他式样——3分
			5. 无——0分
		洗澡设施（5分）	1. 统一供应热水——5分
			2. 家庭自装热水器——4分
			3. 其他——3分
			4. 无——0分
		炊事燃料（5分）	1. 燃气——5分
			2. 电——4分
			3. 煤炭——3分
			4. 柴草——2分

本研究在这里将住房综合指数运用于2000年第五次全国人口普查统计数据，计算出各年龄组住房综合指数，并加以比较。

计算时仍选用户主作为各年龄组的代表，全部样本人口的平均得分为

73.87 分，户主的平均得分为 73.37 分，二者非常接近，说明选用户主进行分析具有较好的代表性。

从综合指数得分来看，全部人口平均得分 73.37 分。分年龄组比较发现，老年人的住房得分最低。80 岁及以上高龄老年人是所有年龄组中得分最低的年龄组，比平均分低出近 6 分；70～79 岁组的中龄老年人平均得分位于倒数第三，尚不及 20～29 岁组，情况同样不容乐观；年轻老年人虽然状况略好，但仍差于 50～59 岁年龄组，也差于 40～49 岁年龄组，略好于 30～39 岁年龄组，优于 30 岁以下年龄组。

从单项得分来看，老年人的产权得分并不高，高龄老年人仍为最差组，中龄老年人仅好于 30 岁以下年龄组，这与我们想象的绝大多数老人拥有住房产权的印象相去甚远。结合前文分析，老年人拥有产权的比例虽然较低，但租用原公有住房的比例较高。80 岁及以上老年人中有 1/3 仍居住在此类住房中，中龄老年人这一比例达 1/4。表明即使国家住房改革以相当便宜的价格出售给他们，但仍不排除长期处于低工资收入背景下有些老人因经济原因无力支付，只能租住原公有住房，或者政策规定限制出售的住房，如高校校园内住房。

老年人的室内设施显然是老年住房中的弱项，状况最好的年轻老年人组与其他年龄组相比仍存在一定差距，仅好于 30 岁以下组，中龄老年人与高龄老年人得分更低。

住房质量上老年人仍不占优势，老年组得分最低，老年人住房建筑年代久远，房屋破旧，住房年代与墙体材料存在相关性，年代越久远住房材料越差，新建住房墙体材料应用往往更好。通常，年龄越低，住房越新，住房质量越好。

老年人住房中唯一不算最差的是数量指标，主要得益于城市老年人空巢家庭较多，子女的离去使得人均住房面积和人均住房间数两项指标表现较好的状况，但并非得分最高，高龄老年人得分仍然偏低。

4.1.1.6 小结

我们知道，住房是人生的高价值量的物质财富，是一个人一生财富积累的重要表现。一般按照自然规律，20～30岁成家，有条件的家庭会为儿女结婚准备婚房，通常这是人们成家后第一套住房；40岁以后事业有成，财富逐渐增加，达到一定实力，人们会再次改善自己的住房状况；到人生的50岁阶段财富积累达到顶点，住房也会随之改善；60岁以后进入老年期，人们从生产者转变为消费者，住房趋于稳定，一般不会再有大的改善，但是会为应对养老进行住房置换或者通过其他途径使住房更适宜养老。按此规律，老年人的住房可能不及50岁组的准老年人，但应好于40岁组，更应好于30岁组，但我国的老年人住房呈现的特征与之大相径庭。

各方面数据表明，我国老年人的住房状况总体较差，差于50岁组、40岁组及30岁组，仅好于30岁以下青年组。老年人住房指标除人均住房间数和人均住房面积两个指标尚好外，其他各项指标均处于最差水平，住房总面积狭小、总间数较少；住房建成年代久远、房屋陈旧，住房墙体材料明显落后于其他人群；住房成套率较低，居住在无独立使用抽水式厕所与无独立厨房住房中的比例高于其他年龄组，室内设施处于明显劣势，洗澡设施落后，无洗澡设施的比重高于其他年龄组，在炊事燃料上，老年人使用煤炭、柴草的比率高于其他年龄组，老年人住房状况整体堪忧。

老年人内部不同年龄组之间存在着较大差异，年轻老年人住房状况最好，中龄老年人次之，高龄老年人最差，通常高龄老年人也是所有年龄群体中最差的。高龄老年人住房状况应引起学界及政府的高度重视，住房的改善不应完全依赖个人家庭，政府应该予以一定支持。

4.1.2　利用2010年城乡老年人口生活状况追踪调查数据比较研究

从2000年到2010年历经10年时间，随着住房条件最差的80岁及以上高龄老年人的逐渐离去及住房条件较好的50～60岁组人群的加入，老年人住房得以明显改善，但老年人住房与其他年龄人群比较是否有所改善，

我们利用2010年城乡老年人口生活状况追踪调查数据与第六次全国人口普查数据进行比较。因数据所限，只能比较产权、部分生活设施及住房建成年代指标。

从产权拥有率上看，老年人口略高于全体人口，老年人是住房改革的受益人群，但并未呈现拥有产权比率大幅高于全体人口的特征，仅高出不足1个百分点。在各项设施上，室内厕所拥有率和洗澡设施比率明显低于全部人口。在住房的建成年代指标上，老年人住房年代久远，建于1990年以前的占几乎一半，而全部人口仅占1/4多，建于2000年以后的住房，老年人口仅占15.6%，而全体人口占到近4成。与住房陈旧特征密切相关的是设计落后、居室功能分割不清、面积狭小、无电梯、墙体材料较差等（表4-2）。

表4-2　2010年老年人口住房与全体人口住房的比较

指标	老年人口	全体人口
拥有产权/%	75.7	74.9
无室内厕所/%	20.1	15.6
无洗澡设施/%	31.8	28.3
建成年代/%		
1949年以前(60年以上)	2.2	1.0
1949~1979年(30~60年)	11.9	7.7
1980~1989年(20~30年)	35.5	19.0
1990~1999年(10~20年)	34.7	34.4
2000年以后(10年以内)	15.6	37.9
户均面积/m^2	92.2	86.4
人均面积/m^2	35.2	30.1
户均间数/间	2.8	2.7
人均间数/间	1.1	0.9

注：1. 老年人口数据来源于2010年中国城乡老年人口生活状况追踪调查数据。
2. 全体人口数据来源于第六次全国人口普查汇总数据。
3. 数据统计时进行了四舍五入。

住房的数量指标上老年人仍占有优势,但由于采用了平均指标,掩盖了老年人内部的差异。统计数据表明,高龄老年人在住房上的标准差较大,个体差异较大,据统计,居住在40平方米以下的占一成,居住在60平方米以下的累计占比达1/3以上。

在老年人口与全体人口的比较中,全体人口包括了年轻人口群体,30岁以下人口,他们工作尚未稳定,有的尚未结婚,住房状况较差是正常现象,但在使用全体人口进行比较时,这部分人口包含在内,若将他们去除,则老年人住房状况更差。

研究还发现,高龄老年人在住房产权、一居室占比、建筑面积40平方米以下占比、没有暖气占比、没有自己独立房间占比上均差于其他老年人口。

4.1.3 利用2011年中国老年健康影响因素跟踪调查(CLHLS)调查数据对比研究

2011年中国老年健康影响因素跟踪调查(CLHLS)调查偏重于高龄老人群体,调查数据有偏,不能用来推断总体,却可以体现高龄老年人的住房状况。由于数据的局限性,本部分只比较产权、住房建成年代及主要炊事燃料三个指标。为增加数据代表性,进行加权处理(权数按照2010年普查数据进行分配),选取城镇老人作为研究总体。

根据2011年中国老年健康影响因素跟踪调查(CLHLS)的调查,住房在本人或配偶名下的仅为67.1%(表4-3),若除去租房老人则自有产权的比重更低,进一步统计在自己或配偶名下的住房来源,购买、自建、继承三种拥有产权的形式合计占78.9%(表4-4),老人拥有住房产权的仅占53%,远低于全国城镇75%的平均水平。有一成多的老人居住在公租房中,占比较高。

表 4－3　住房所在名下分布

所在名下	人数/人	占比/%	有效占比/%
本人或配偶	2 822	66.2	67.1
子女	1 267	29.7	30.1
孙子女	29	0.7	0.7
其他亲属	28	0.6	0.7
其他	51	1.2	1.2
不知道	5	0.1	0.1
缺失	3	0.1	0.1
合计	4 205	98.6	100.0
系统缺失	58	1.4	
合计	4 263	100.0	

注:根据 2011 年中国老年健康影响因素跟踪调查(CLHLS)调查数据整理。

表 4－4　在自己或配偶名下房产的来源分布

分类	购买	自建	继承	公共福利住房	承租	转租	不知道	合计
人数/人	636	1 501	63	360	107	124	1	2 792
占比/%	22.8	53.8	2.3	12.9	3.8	4.4	0.0	100.0

注:根据 2011 年中国老年健康影响因素跟踪调查(CLHLS)调查数据整理。

老年人住房建成年代久远,住房老旧仍是主要特征,居住在 40 年①前住房中的老人占比为 20.1%,而全部人口这一比重仅不足 10%。居住在 2000 年以后,即房龄 11 年以内住房中的老人比重又大大低于全体人口,老人仅占 25.9%,比全体人口占 37.9% 低 12%(表 4－5)。

表 4－5　住房建成年代

建成年代	人数/人	占比/%	有效占比/%	六普全国人口/%
2000 年以后	1 086	25.5	25.9	37.9
1990～1999 年	1 084	25.4	25.8	34.4
1980～1989 年	1 185	27.8	28.2	19.0
1980 年以前	842	19.7	20.1	8.7
合计	4 197	98.4	100.0	100.0
系统缺失	66	1.6		
合计	4 263	100.0		

注:根据 2011 年中国老年健康影响因素跟踪调查(CLHLS)调查数据整理。

① 年限按到 2011 年计算。

老旧住房的设施一般落后于新建住房，虽然本次调查没有过多涉及室内设施项目，但可以推测，室内设施不完善、住房成套率低的问题依然存在。

就主要使用炊事燃料来看，天然气因方便、干净、快捷受到青睐，成为城市主要炊事燃料发展的方向。本次调查中城镇老年人以天然气为主要炊事燃料的占52.2%，而全体人口这一比重为68.21%，存在差距。

我国老年人住房整体较差，不仅落后于其他人群，也落后于发达国家。2000年我国无产权老人占23%，2006年这一比例减少为20%。但日本在1998年无产权者即达到20%，水平相差近10年，且不说日本还有完善的养老社会保障制度对住房的支持，因此，我国老年人住房仍处于较落后的状态。

有无室内厕所及厕所样式是衡量一个国家现代化程度与发达程度的重要指标之一，因此我国在2000年第五次全国人口普查中加入此指标。有无室内厕所对老年人而言尤为重要，老年人身患泌尿系统病症较普遍，同时体能下降，腿脚不便，行动迟缓，若无室内厕所会给老年人正常生活造成极大困难，甚至导致跌倒骨折，就算生活能够自理的老人居住在这样的条件中也会感觉极为不便，更不要说身体出现活动障碍无法及时如厕的老人。无室内厕所是我国老年人住房中室内设施问题最为突出的一项，我国老年人居住在无室内厕所者的比率2006年高达15.8%，而1999年无室内厕所的比例美国已低至0.3%，加拿大为0.2%，阿根廷为1.1%，挪威为0，朝鲜为0.5%，我国与这些国家和地区相比存在较大差距。

供应自来水关系到人们日常饮水的便利性及安全性，同时也是日常生活中打扫卫生、清洁衣物等最重要的条件，我国老年人自来水的供应已从2000年的96.59%上升到2006年的97.6%，仅2.4%的老人没有供应自来水。但与发达国家相比仍有差距，英国1998年这一比率已达到99.1%，德国达到100%，爱尔兰1991年已达98.6%，日本1993年已达97.2%（蔡林，

2006)。我国虽然在改善自来水这一设施上有着较大进步,但仍有继续改善与提升的空间。

煤气/天然气是所有炊事燃料中最方便的一种,国家同样将其作为一项基本设施加以推广。调查结果表明,老年人使用煤气/天然气的比率日益上升,已从2000年的78.8%上升至2006年的82.9%,上升趋势明显。但仍存在巨大的提升空间,煤气/天然气的进一步普及是改善民生的重要举措。

4.2 老年人住房条件落后的原因分析

老年人住房落后于其他人群,这种状况的形成受多种因素影响,既有个人因素,也有社会因素,我们通过建立线性回归模型加以探析。

将住房综合指数作为因变量,自变量选取性别、受教育年限、职业、所在地区当年人均GDP、婚姻状况、是否流动人口、年龄7个指标,其中婚姻状况分为有配偶(1)和无配偶两类(0),有配偶包括初婚有配偶和再婚有配偶,无配偶包括未婚、离婚和丧偶;是否流动人口采用出生地法,将其分为跨市、县流动人口(1)和非流动人口(0);职业为分类变量,分为单位负责人、专业技术人员、办事人员、服务人员及其他人员四类,借助工具变量进行分析。采用进入法(enter),结果如表4-6所示。

模型结果表明,对住房综合指数影响最大的变量为受教育年限,受教育年限越高,住房得分越高,同时受教育年限必然影响着就业、职业以及收入,就业单位的性质因单位制的特殊作用对住房又产生巨大影响。其次为职业中的单位负责人,担任单位负责人的户主住房得分能够提高6分,职业中的办事人员及专业技术人员同样呈现正向影响。年龄的影响虽然回归结果为正向,但其实际影响呈现双向性,20~60岁,随着年龄增长,住房得分显著增长。选择20~60岁人群进一步的回归分析结果表明,年龄每增长1岁,得分提高0.218分,住房得分在50～60岁达到峰值,60岁以上则呈现负相关关系,选择50岁以上人口的回归分析表明,随着年龄增长,分值呈下降趋势,年龄每增长一岁,得分下降0.07分。婚姻状况对住房同样产生重要影响,有配偶者比无配偶者分值提高4分。迁移人口、男性及经济发达程度均对住房指数产生负向影响,他们的住房指数得分更低。

表4-6　老年住房综合指数回归系数

自变量	未标准化系数		标准化系数	t	Sig.
	B	Std. Error	Beta		
常数项	55.879	0.607		92.034	0.000
有配偶	4.498	0.309	0.077	14.581	0.000
迁移人口(出生地法)	-1.257	0.172	-.038	-7.303	0.000
单位负责人	6.122	0.315	0.111	19.406	0.000
专业技术人员	3.143	0.264	0.076	11.916	0.000
办事人员	4.378	0.251	0.101	17.474	0.000
年龄	0.191	0.010	0.107	19.622	0.000
所在地区人均GDP	-.163	0.016	-.053	-10.277	0.000
受教育年限	1.963	0.069	0.184	28.332	0.000
男性	-1.124	0.222	-.027	-5.067	0.000

注:因变量为住房综合指数。

所选7个变量对住房状况有一定影响,但影响并不大,R值仅为0.307,R^2仅为9.4%,所选变量仅解释了住房差异的一小部分,模型之外的因素对住房影响更大(表4-7)。

不同年龄组之间住房的差异与年龄的影响密不可分,年龄的影响并非直线形,而是呈现先扬后抑的特征,在我国,年龄本身的影响仅仅是一方

表4-7　住房综合指数回归模型R参数

Model	R	R^2	Adjusted R Square	Std. Error of the Estimate
1	0.307 a	0.094	0.094	15.380 68

面，隐藏在年龄背后的生命历程、生命历史事件的影响起决定作用。普查反映的仅仅是一个时点上的状况，这种状况的形成则是过去几十年历史事件的积累，有着深刻而复杂的历史背景，特别是我国正处在巨大的社会变革转型中，每一项政策的出台都对居民的生活产生巨大的甚至是根本性的影响。对我国老人住房影响最大的历史事件当属住房制度改革，我国住房制度从与计划经济相适应的传统完全福利型住房制度走向与市场经济相适应的付费型现代住房制度，经历了艰难的改革历程。

以2000年普查为例，60岁以上老人生于1940年之前，他们经历低工资、低福利时代，包括住房在内的消费资料严重短缺。80岁以上老人在改革开放时已经退休，收入降低，单位分房时处于不利地位，或者没有赶上国家住房分配，或者由于长期的低收入不具备购买住房的经济支付能力，住房状况最差，购买国家公有住房的比例最低，租住公有住房比例最高。70～80岁老人改革开放时处于50～60岁年龄段，赶上国家提高工资待遇、改善职工住房，这批人购买国家公有住房的比例大幅度提高。60～70岁老人出生在1930～1940年，改革开放时已经40～50岁，处于中年期，他们住房主要受益于国家住房制度改革，相对而言，住房明显改善。而50～60岁的准老年人生于1940～1950年，经历过上山下乡、计划生育、改革开放，是住房改革的直接受益者，1998年全面终止住房实物分配时已基本拥有自己的住房，这一批人群既赶上福利分房，又赶上下海经商，收入水平大幅提高，住房状况处于最佳状态。除50～60岁人群外，福利分房还惠泽30～50岁人群。

财富流流向年轻人的现实对老年人住房状况产生重要影响。随着工业化、城镇化的发展，大家庭随之解体，老年人不再是家庭财富的掌管者，财富流流向发生逆转，由流向老年人转向年轻人，由流向老一代转向下一代。计划生育政策的实施，子女数量的减少，家庭对子女的重视超越任何历史时期，中国城镇住房价格快速上涨，住房成为家庭财富的重要衡量标准,住房成为年轻人谈婚论嫁的必要物质前提,家庭为此倾尽所有,甚至动用全家族几代人的积蓄为他们置办婚房,拥有住房产权的年龄一再下移,趋于年轻化,由此,家庭再无能力改善老年人住房。随着时间推移,住房状况较好的准老年人进入老年序列,改善了老年人住房整体偏弱的局面,但老年人群整体仍处于较差状态,原因是年轻人住房的改善快于老年人。以 2010 年调查数据来看,许多老年人住房指标仍达不到平均值,全部人口中如果除去 30 岁以下尚未成家人群,老年人住房状况更差。

4.3　老年人群体内部住房差异的分层研究

与其他社会现象类似,老年人住房同样存在着差异,这种差异是社会阶层差异在住房上的具体体现,本研究将采用分层研究法加以研究,并对差异的可能因素进行回归分析。

根据老年人的住房状况将其分为富裕、一般和困难三个层次,因老年人居住在普通住房中,其住房的老年特征并不十分突出,因此划分时并不需要将住房的老年性体现出来,而采用一般普通住房的优劣标准予以评价。

对不同层次住房老年人的社会经济特征从性别、受教育程度、婚姻、政治面貌、工作岗位性质、户籍类型、工作单位性质及职称几方面加以考察,揭示社会经济及个人因素对住房阶层产生的影响。本部分研究采用 2006 年城乡老年人口生活状况追踪调查数据。

4.3.1　住房富裕老人

本研究所指住房富裕老人需同时满足下列 8 个住房条件:拥有产权属于自己的住房(自有产权);老人拥有单独的房间;有自来水供应;有煤气或天然气供应;东北、华北、西北地区的老人室内有暖气或土暖气;拥有室内厕所;人均住房面积大于等于30平方米;住房总面积大于等于80平方米。

根据数据统计结果,住房富裕老人占比为11%。住房富裕条件并非十分苛刻,在今天看来可能是许多年轻家庭配置婚房的基本要求,但能满足这些条件的老人仅占11%,我国老年人住房状况并非十分乐观。

4.3.1.1 住房条件富裕老人的社会经济特征

对影响老年人住房富裕的社会个人因素进行相关分析,选取9个指标研究,分别是性别、年龄、受教育程度、婚姻状况、干部身份、政治面貌、户口性质、单位性质和职称。

(1)性别特征

首先对富裕住房老人的社会经济特征进行单因素分析。从性别来看,女性老人住房富裕的比重在55.3%,而全体老年人结构中女性占51.9%,住房富裕群体女性老年人占比高于全体老人,女性住房富裕者更多。

(2)年龄特征

表面来看,年轻老人住房最优越,占比最高,高龄老人住房富裕者最少,但结合全体老人的年龄结构发现,住房富裕老人中70~79岁组的比重超过全体老人的这一比重,表明70~79岁组老人住房富裕者更多,相对而言,60~69岁组和80岁以上高龄老人住房富裕比重较低。

年龄特征反映不同队列群体经历不同历史事件对其形成的影响。计划经济条件下,住房由国家解决,70~79岁组老人工作时受惠于住房普惠政策的比重最大,年轻老人受市场经济影响更大,而高龄老人受教育程度偏低,有正式工笔者较少,依靠单位力量解决住房的机会较少,导致住房富裕者比重较低。

(3)受教育程度特征

住房富裕老人与其受教育程度存在相关性,小学、初中与高中占比最大,其中小学占比最高,结合全体老年人口结构分析发现,高中与大专以上学历住房更多地处于富裕状态。2006年60岁的老人出生在中华人民共和国成立前。在中华人民共和国成立伊始,急需大批有文化人士投身到社会主义建设大潮,在这样的历史背景下,学历越高,获得正式工作的概率越大,分得住房的可能性越大。党的十一届三中全会之后,国家对知识分子更加重视,住房待遇大幅提高,高中以上学历人群是这一政策的实际受惠者。

(4)婚姻状况特征

从婚姻状况来看,有配偶老人包括有配偶同居和有配偶分居老人住房富裕的比例更高,离婚者住房更有可能达到富裕,而无配偶者包括丧偶及未婚者达到富裕的比例较低。

住房作为高价值量的消费品,单靠一个人经济实力很难达到富裕标准,稳定的婚姻是获得较好住房条件的基本因素之一。而分居者和离婚者有可能因得到婚姻破裂的补偿而呈现较好的住房状况。

(5)户籍类型

户籍长期以来是衡量一个人城乡身份的标签,在中国传统二元社会结构下,城乡在生活方式、处事方式、思想观念、思维模式、经济特征、发达程度上呈现巨大差异。

住房富裕老人中非农业户占比为92.6%,而全体老人中则占86.1%,高出6.5%,差异明显,表明农业户与农转非户在住房上更不容易达到富裕水平,非农业户口富裕者较多。这种住房上的差异是户籍差异背后赋予的经济收入差异、工种差异、职业差异及工作单位性质差异的显性表现。农业户口在城市解决住房问题基本依靠自身经济实力,而农转非则因夫妻双方参加工作的仅一人,解决住房问题的概率从人头上看已减少50%,均处于不利地位。

(6)工作单位性质特征

计划经济时代,中国存在鲜明的单位制特征,单位性质在很大程度上决定着个人生活状况。党政机关、事业单位、国有企业等以公有制为主要特征的单位,历史上称之为全民所有制单位。解决职工住房的可能性最大,集体所有制和民营企业可能性很小,单位的优劣对住房等个人福利待遇的影响往往超越个人能力的差异所带来的影响,甚至起决定作用。

事业单位、国有企业及部队住房条件较好,住房富裕者所占比重超出他们在总人口中的比重,更容易达到富裕水平。改革开放初期,最先富起来的是国有企业,在改善职工住房方面走在了前面。党政机关在享受工作稳定的同时在住房上则无明显优势,住房多为小户型,目的是解决更多人的住房困难,实现从无到有的突破。集体企业及民营企业受单位能力限制,住房达到富裕者并不多。

(7)职称特征

职称是国家对专业技术人员的等级划分,职称高低代表技能高低,该指标与受教育程度存在密切相关,但又不完全一致。2006 年调查的老人在全面铺开职称评定时年龄最小的也已经 48 岁,因此,他们中相当一部分没有参与职称评定,全体老人中超过半数无职称。

无职称者达到住房富裕程度的较少,中、高级职称者住房上较为优越,更可能达到富裕水平,中级职称住房富裕者的比例高出全体老人 12 个百分点,这是国家重视知识、重视人才在实际待遇上的体现。

总之,从描述性统计数据上看,女性、中龄老人、高中及以上学历、有配偶者、干部、中共党员、非农业户口、企事业单位、中高级职称老人在住房上更容易达到富裕程度。

4.3.1.2　住房富裕人群的回归分析

前文通过单一因素逐项分析了与住房的关系,但这些因素之间存在交互作用,为得到排除其他因素共同作用的影响,运用二分类变量 Logistic 回归模型做进一步分析。

模型中将富裕老人设为 1,非富裕老人设为 0。将前文分析时所选全部因素纳入模型,这些因素包括退休前工作单位性质、受教育程度、职称、婚姻、年龄、户籍类型、政治面貌、性别、退休前是否当过干部 9 个变量。

方程整体检验显著，模型中婚姻变量整体显著，但分类变量不显著；户籍整体显著，但农业户口不显著；职称整体显著，但中级不显著；退休前工作单位性质整体检验显著，但所有分类变量检验均不显著。可能因分类后变量个数太少导致。

为此，对分类进行调整重新纳入模型。因城市农业户口人数太少，将其删除，工作单位性质中保留党政机关、事业单位、国有企业和集体企业，民营企业、股份制企业、部队全部归入其他类。婚姻变量保留有偶同住和丧偶，其他归入其他类。将政治面貌中民主党派和群众合二为一，归入非中共党员，调整后重新编码，采用 Logistic 回归，住房富裕者仍定义为 1，非富裕者为 0。

参照项：企业性质中集体、受教育程度中的大专及以上、职称中的不适用、年龄中的 80 岁及以上、婚姻中的丧偶、政治面貌中的民主党派及群众、性别中的女性为参照类。

方程整体检验显著，方程具有统计学意义。从各变量及变量分类来看，调整后假设检验全部显著。

指标的统计结果表明：男性老人住房富裕概率仅为女性老人的 43%，女性老人住房更有可能富裕。从受教育程度来看，大专及以上学历住房富裕的可能性最大，其次为高中/中专，再次为小学及初中，最小的是私塾和不识字。婚姻状况中有偶同住老人住房富裕概率是丧偶者的 4 倍，丧偶者又是其他，如未婚、有偶分居、离婚等婚姻状况的 2 倍多，维持较好的婚姻关系更有可能达到住房富裕标准。从工作性质来看，国有企业最好，是集体企业的 1.26 倍，集体企业其次，再次是事业单位，然后是党政机关，包括部门、民营、股份制在内的其他单位最差，党政机关工资固定，不大容易在住房上特别富裕。职称上中级职称住房富裕的可能性最大，其次是不适用评定职称人群，再次是高级职称，最后是无职称和初级职称。就年龄指标来看，中龄老人的住房富裕发生比最高，其次为低龄老人，最后是高龄老人。

4.3.2 住房困难老人

住房困难是指面积狭小,室内设施不完善,不能满足基本生活需要。具体设3个条件,出现3个条件之一者即为住房困难者。

条件一:人均住房面积小于8平方米;

条件二:室内无自来水;

条件三:室内无厕所。

之所以选择人均建筑面积小于8平方米,一是根据建设部政策研究中心住宅与房地产业研究处所作的《2000年第五次人口普查住房状况分析报告》中采用的标准;二是刘金塘、刘建伟、倪跃峰、庞江倩、郝虹生撰写的《北京地区城镇居民住宅状况分析》以及刘金塘撰写的《北京市海淀区城镇居民住房状况分析》中均采用这一标准;三是据有关资料分析,从居住的功能来看,人们为了满足最单纯的住的需要,人均至少需居住面积2.9平方米,这样才能放下一个床位,再加上其他满足人们最基本的消费活动的空间,人均居住面积要达到5平方米。因此,将住房困难户的标准定为人均建筑面积8平方米尚属绝对贫困的范畴,也符合中国现阶段的实际。

自来水对城市生活而言极其重要,室内无自来水给居民生活带来极大不便,室内无自来水则意味着即使饮食用水可以保障,洗漱、打扫卫生用水必然受到限制,老人用水需要到远处提取,对老人体力是个挑战,老人生活质量将严重下降。室内厕所同样是最重要的设施之一,老年人身体衰老、行动迟缓,尿急、尿频时有发生,没有室内厕所意味着如厕极为不便。因此研究中将这两项基本设施作为判定住房困难的条件。

数据统计结果,我国城市存在住房困难的超过20%,就单一困难问题看,存在面积狭小困难的占6.2%,存在无厕所困难的占15.8%,存在无自来水困难的占2.4%,无室内厕所是住房困难的最大问题(表4-8)。我国老人住房困难的比例较高，群体规模较大。

进一步分析发现，无住房困难老人占 80%，其中仅存在一重困难者占 16.3%，存在二重困难者占 3.5%，存在三重困难者占 0.2%（表 4 -9）。

只存在一重困难者人数为 672 244 人，占 16.3%，其中住房面积小于等于 8 平方者加权人数 169 844 人，占一重困难者的 25.3%；无室内厕所的加权人数 476 380 人，占 70.9%；无自来水的加权人数 26 020 人，占 3.9%（表 4 -10）。一重困难者最大的问题是没有室内厕所。

表 4 -8　存在住房困难的老人分布

住房指标	频数/人	百分比/%	住房指标	频数/人	百分比/%
住房面积小于 8 平方米	259 978	6.2	无自来水	99 495	2.4
无厕所	663 679	15.8	全体老人（含缺失值）	4 207 758	100

注：1. 根据 2006 年中国城乡老年人口状况追踪调查数据计算整理。
2. 各类住房困难有交叉。

表 4 -9　住房困难重数

住房困难重数	频数/人	百分比/%	有效百分比/%
无困难	3 296 274	78.3	80.0
1	672 244	16.0	16.3
2	146 034	3.5	3.5
3	8 788	0.2	0.2
合计	4 123 340	98.0	100.0
缺失	84 418	2.0	
合计	4 207 758	100.0	

注：1. 根据 2006 年中国城乡老年人口状况追踪调查数据计算整理。
2. 数据统计时进行了四舍五入。

表 4-10　住房一重困难者的分布

住房条件	人数/人	百分比/%	住房条件	人数/人	百分比/%
面积小于等于8平方米	169 844	25.3	无自来水	26 020	3.9
无室内厕所	476 380	70.9	合计	672 244	100.1

注:1. 根据2006年中国城乡老年人口状况追踪调查数据计算整理。
2. 数据统计时进行了四舍五入。

存在二重困难老人52人,全部老人997人,加权后146 034人。住房困难的核心在于无室内厕所。存在二重困难者全部无室内厕所,无室内厕所同时又无自来水的占二重困难者146 034人的44.3%,无厕所同时面积狭小者81 347人,占55.7%(表4-11)。三重困难者,住房类型全部为平房,经济极其困难,月收入最高的仅为780元。

表 4-11　住房二重困难者的分布

住房条件	人数/人	百分比/%
面积小于等于8平方米、无室内厕所	81 347	55.7
面积小于等于8平方米、无自来水	0	0.0
无室内厕所、无自来水	64 687	44.3
合计	146 034	100.0

注:根据2006年中国城乡老年人口状况追踪调查数据计算整理。

4.3.2.1　住房困难者的社会经济特征

本部分个人社会经济影响因素变量的选取与住房富裕部分一致,选取9个方面特征加以分析,分别是性别、年龄、受教育程度、婚姻、是否干部、政治面貌、户籍、工作单位性质、职称,变量情况统计如下所述。

(1)性别特征

从绝对量上看,住房困难者中女性多于男性,但这是因为总人口中女性多于男性的缘故,结合总人口年龄结构,发现男性老人住房困难者比重略多于女性,而住房富裕者比重又低于女性,男性老人住房条件不及女性老人。

(2)年龄特征

年龄与老年人住房困难相关性显著,中龄与高龄老人住房困难者比例较高,中龄老人高出平均数6%,高龄老人高出3%,中龄与高龄老人住房条件较差。

(3)受教育程度特征

受教育程度与住房困难形成一定相关关系。受教育程度越低,越容易陷入住房困难的窘境。初中以上受教育程度者困难老人的比率低于其在全体老人中的比率,高中以上这一特征更加突出。受教育程度越高,越不容易发生住房困难的事件。

(4)婚姻特征

就婚姻而言,住房困难老人与全体老人结构大体相当,丧偶与离婚者陷入困难状况的比率略高,未婚者则明显较低。未婚者既不容易陷入住房困难境地,也不容易达到住房富裕状态,大多处于中间水平。有偶同住者及有偶分居者住房困难比率较低而住房富裕者比率较高处于较好状态。丧偶者住房困难者比率高出平均水平,而富裕者比率低于平均水平,住房条件较差,离婚者则呈现出住房困难者与住房富裕者双高的情况,表明其个体差异较大。

(5)户籍特征

在农业、非农业与农转非三种户籍状态中,农业户口老人处于住房困难者最多,这与过去国家城乡剪刀差不断扩大,农业户口福利和保障较少有关。农业户口很难获得正式工作,在单位制住房主要依靠单位解决的历史背景下,没有单位就没有解决住房的机会,他们发生住房困难的概率较高。

(6)工作单位性质特征

党政机关、事业单位人员住房困难的比率要小得多,而国有企业住房困难者较多,高于平均水平近20%。在党政机关及事业单位就业的保障性优势也就体现出来了。国有企业呈现出典型的两极分化,住房富裕者与住房困难者比率均为最高,这与国有企业发展不均衡有关。党政机关住房富裕者较少,同时住房困难者也少,呈现较为均衡、差异较小的特点。事业单位、部队则富裕者较多,困难者较少,住房条件较好。

(7)职称特征

职称与住房困难同样存在相关性,中高级职称住房困难者的比率较低,特别是高级职称大大低于平均水平,而无职称和初级职称略高于全体老人,而不适用者的比率较高,是平均水平的两倍。中高级职称住房富裕者较多,困难者较少,呈现良好的住房状况。

4.3.2.2　住房困难人群的 Logistic 回归

为保持研究一致性,本部分仍采用与住房富裕老人相同的分析变量,因城市老人中农业户籍人数数量过少,统计检验不显著,将其删除,这样分析变量减少为 8 个,分别是性别、年龄、工作单位性质、职称、婚姻、政治面貌、是否干部、受教育程度。为避免因频数过少发生的统计检验不显著问题,直接对变量进行重新分类,分类参照住房富裕老人回归分析方法二的标准,因变量中 1 表示住房困难,0 表示住房不困难,采用进入法(enter),Logistic 回归结果如下。

变量最后一项为系统默认参照项,受教育程度中大专及以上学历为参照项,工作单位性质中集体企业为参照项,职称中高级职称为参照项,婚姻状况中丧偶为参照项,年龄中 80 岁及以上高龄老人为参照项,性别中女性为参照项。

方程整体检验显著,经调整后各变量统计检验显著。在职称中,高级职称陷入贫困者最少,其次是无职称或不适用评定者,中级职称贫困的概率是高级职称者的 2 倍多,初级职称是高级职称的 4 倍多,初级职称住房贫困者概率最大。工作单位性质在住房困难方面存在明显特点,数据显示,相对于集体企业而言，党政机关和事业单位不容易发生住房困难问题，国有企业住房困难的发生比是集体企业的 1.7 倍，包括民营、股份制等在内的其他类型的工作单位住房困难的发生比更高，是集体企业的 2.78 倍。男性老人住房困难者是女性老人的 1.8 倍。就受教育程度来看，大专及以上学历住房困难者最少，小学文化程度最多，是大专及以上学历的近 3 倍；其次为不识字者，是大专及以上学历者的 2.6 倍，初中、高中的发生比也在 2 倍以上，除私塾以外，陷入住房困难的老人基本上与学历层次呈现负相关关系，学历越高，困难者越少。有配偶者的发生比高于丧偶者，与面积指标有关，高龄老人住房困难的可能性更大。

进一步计算标准回归系数，可以看出，对老年人住房贫困影响较大的是年龄、受教育程度、单位性质和职称。

存在结论相悖的变量为婚姻状况，模型显示，婚姻中丧偶者最不容易出现住房困难，最高的为有偶同住者，发生比是丧偶者的 1.3 倍，而独身、分居和离婚者居中，因为特殊的婚姻状况，居住人可能为独自一人，或家庭成员较少，人均面积指标较好。前文描述性统计中表明的有偶者不易出现住房困难情况同样为虚假相关。

总之，老年人住房之间存在巨大差异，住房条件较好者达到富裕条件的占 11%，住房困难群体达到 20%，其中存在一重困难的占 16.3%，二重困难的占 3.5%，三重困难的占 0.2%。进一步分析发现，住房的贫富与其社会经济特征相联系，容易达到富裕的人群有女性、大专以上学历、有配偶者、中级职称和中龄老人，而住房贫困更多地出现在初级职称、男性、低学历以及高龄老人中。国有企业呈现两极分化，最富有和最贫困者均有出现。住房的差异更多地与单位性质、是否干部、学历层次及职称相关。

4.4　老年住房的适老性研究

老年住房具有普通住房的共同属性或者说基本属性，前文已进行分析,但之所以从住房中独立出来自成一类,是因为其特殊属性,老年人对住房有特殊需求,对室内、室外环境依赖性高,老人与环境之间的互动关系密切。我们将住房中适合老年人居住的属性称为适老性。本部分研究包括居住楼层、是否拥有单独卧室、合适的湿度、室内设施几个方面。

4.4.1 居住楼层

上下楼问题是困扰老年人生活的突出问题。据《2005 年上海市老年人生活质量调查与分析报告》数据,老年人对于上下楼梯感觉有困难的为 59.5%(“很困难”为 10.7%,“有点困难”的为 48.8%),在 10 项感到困难的日常生活能力中,上下楼位居第一。2010 年城乡老年人口状况追踪调查结果表明上下楼有困难的占 24.35%,其中做不了的占 5.34%,有些困难的占 19.01%。80 岁以上老人存在上下楼问题的占 57.5%,超过半数,其中做不了的占 18.26%,有些困难的占 39.24%。即使生活能够自理,如果居住楼层太高,老年人必然减少外出的次数,更多地被困于住房之中,客观上限制了老年人的行动自由。老年人缺乏与外界交流互动必然造成老年人社会化程度降低,社会交往缺乏,不仅身体得不到锻炼,而且容易产生心里孤单、认知能力衰退等问题,对老年人身心健康极为不利。Watanabe 的研究表明,85 岁以下老人足不出户,较低的社会交往是致残的重要原因。

在普通住房中,平房、楼房的一层,或带电梯的楼房比较适合老年人居住。根据中国老年健康影响因素跟踪调查(CLHLS)数据汇总,有 43% 老人居住在 4 层及以上且无电梯的楼房中。根据 2006 年城乡老年人生活状况追踪调查数据,有 19.1% 的老人居住在平房中,2.4%(80.9% ×3%)老人居住在带电梯住房中(居住在楼房中的有电梯占比为 3%),有 16.56% 的老人居住在楼房一层,61.43% 的老人居住在没有电梯的二层以上楼房中,41.57% 的老人居住在没有电梯的三层以上楼房中,24.45% 的老人居住在没有电梯的四层以上楼房中(表 4 - 12)。

表 4－12　楼房居住楼层　　单位：%

楼层	无电梯占居住楼房者比重	无电梯占全部老人比重	无电梯累积比率
1	20.60	16.56	77.99
2	24.70	19.86	61.43
3	21.30	17.13	41.57
4	19.10	15.36	24.45
5^+	11.30	9.09	9.09
合计	97.00	77.99	—

注：1. 另 3% 居住在带电梯楼房中。
2. 根据 2006 年中国城乡老年人口状况追踪调查数据计算整理。

就平房、楼房一层与带电梯楼房而言，带电梯楼房最适合老年人居住，一方面不存在上下楼问题，另一方面居室光线充足，干燥舒适。数据表明，住房越富裕老人生活在平房中的比例越低，住房富裕老人生活在平房、楼房一层中的比例仅为 12.3%，居住在多层无电梯或有电梯的楼房中的比例高达 87.7%。

虽然平房给老人出行带来便利，适宜老人居住，但与这种便利相伴的往往是住房质量的下降，尽管平房也不乏高级四合院、高级别墅，但毕竟所占比率极低，并非大众化住房，大多数平房存在各种质量问题。在 2006 年城乡老年人生活状况追踪调查中发现，老年人所居住平房中，无室内厕所的比率高达 55%，无自来水的比率高达 9%，无煤气/天然气的比率高达 35%，房屋价值量在 10 万元以下的占 88%，同时住房建成年份久远，有一半房屋建成年份在 1981 年以前，房龄达 25 年以上；80% 建成年份在 1986 年以前，房龄达 20 年以上；90% 建成年份在 1992 年以前，房龄达 14 年以上，平房房屋质量整体较低。

与平房相对应，楼房质量明显好于平房，没有室内厕所的比例仅占 6%，没有自来水的比例仅占 0.6%，没有煤气/天然气的仅占 13%，其价值量在 10 万元以下的仅占 57%，建成年份在 1981 年以前的仅占 20%，建成年份在1986年以前的仅占40%，约20%的房屋房龄在10年以内，新建的房屋通常呈现设计更加科学、布局更加人性、生活更加便利、设施更加完备的特点。

4.4.2 适老性的其他方面

拥有单独居室情况。拥有单独居室对老人至关重要，意味着老人拥有自己的私密空间，休息时可以避免被打扰，是老年人生活质量的重要体现。我国九成多(92.6%)老人拥有自己单独的卧室①，在这一指标上有较好的表现。

漏水、漏雨情况。过去一年，21.1%的老人家中出现过漏水、漏雨情况，比重已超过1/5。一方面，反映房屋质量不高，防水性能差；另一方面，漏水、漏雨容易导致老人因地面湿滑而摔倒，对老人形成潜在危险。14%的老人最近一年有过跌倒，80岁及以上老人这一比率达到21.26%（吴玉韶、郭平，2010）。

家中有霉味情况。约16%的老人家中有霉味，说明老人房屋潮湿，居住平房、一层或半地下室容易出现此类现象。潮湿的居住环境是关节炎的诱发因素，对老人身体造成危害。

适老性设计及设施情况。我国绝大多数老年人居住在普通住房中，普通住房并非为老年人设计，不具备老年性特征，适老性很差。虽无统计数据，但缺乏适老设计及适老设施是普遍现象。如地板未做防滑处理，室内有落差，容易导致老人摔倒；门口及走廊宽度不够，无法实现轮椅自由通达；没有安装紧急呼叫系统，老人遇到突发事件没有救援；没有安装扶手，老人本可以借助辅助设施完成的起身、起床等动作无法完成。这些基本设计及设施尚且达不到，更不要说开关高低、灯光明暗、厨房大小、卫生间大小等更细致的设计。在老年人生活完全能够自理状态下，老年人与住房环

① 根据2011年中国老年健康影响因素跟踪调查(CLHLS)数据汇总。

境之间的矛盾并不突出，一旦身体出现问题，这种矛盾则会加剧并凸显出来。一项澳大利亚的研究指出，老人在租房时是否具备楼层、扶梯等设施是考虑的重要因素（Colleen Maria Cartwright，2007）。适老性差的住房给老人的生活带来严重负面影响，本可以居家完成的照料因设施的缺乏无法完成，需要移居养老机构。

4.5　老年人普通住房建设的对策建议

住房对老年人生活质量有着重要影响，好的适合老年人的住房能够减少老年人发生风险的概率，使老年人生活得更健康。室内设施的不完善会给老年人的身体带来很大危害，一项对西班牙医院患者的调查结果发现，包括电梯、热水、加热设备、室内洗澡间、个人卧室、全自动洗衣机、电话在内的 7 项住房设施中，缺少一项的死亡风险比率为 1.42，缺少两项及以上的死亡风险比率上升至 1.94（Zuluaga. Mc，2011）。将老年人日常生活自理能力与住房状况进行对比可以发现，生活完全自理老人在除住房间数外的其他所有指标上均优于非完全自理老人。住房状况与老年人健康状况密切相关，提高住房质量将会提高老年人生活质量。

4.5.1　对老年人住房应有正确认识并予以高度重视

老年人普通住房是建设的重点，我国老年人住房与其他人群相比整体处于较差水平，非想象中的那么优越，特别是中、高龄老人，若除去 30 岁以下参加工作不久或者尚未成家，生活不稳定人群，这些老人处于最差水平。老年人产权拥有率低，住房年代久远，设施落后，厨房、厕所不成套问题严重是其突出特征，严重影响老年人的生活质量。随着社会发展，虽然老年人住房状况有所改善，但改善的速度仍落后于其他人群，处于较差地位的现实并未改变。

4.5.2 建设老年保障性住房

通过分析，我国城市仍存在大量住房困难老人，他们人均住房面积小于8平方米、室内无自来水、室内无厕所，设施不完善，不能满足基本生活需要，给老年人的生活带来极大困难。住房困难老人占全部被调查老人的20%，存在面积狭小困难的占6.2%，存在无厕所困难的占15.8%，存在无自来水困难的占2.4%，有些老人存在多重困难。老年住房上的贫富不均会引起社会不满情绪，不利于社会的和谐稳定。

为解决住房困难人群的问题，国家兴建了大批保障性住房，通过经济适用房、两限房、廉租房、自有住房以及公用住房租借等形式有效解决了住房困难人群的住房问题，得到社会的认可。但是专门针对老年人群体的住房措施仅在申请保障性住房时有优先的规定，再无其他优惠措施。事实上，正如前文分析，老年人的住房在整体人群中处于较差状况，除去30岁以下年轻人群之外，基本处于最差状况，处于住房的最底层，而住房困难老人又是弱势中的弱势，需要政府特别关注。政府可以建立专门的老年保障性住房，解决极端困难老年人群的住房问题。

当然老年保障性住房可以采取多种形式。如新加坡模式采取与子女同住，既解决年轻人与老年人的住房问题，又可以解决老年人养老的照料问题，体现鼓励子女与老人同住的社会价值观，新加坡多代同堂组屋对于这种与老人同住或邻近居住的申请予以优先照顾，同时对购房款项予以减免。加拿大则是通过对非营利住房组织（如住房协会、慈善组织）提供特别的许可权为贫困老人建造和提供租赁房屋或者其他福利设施（周春发、朱海龙，2008）。这些国外成功经验值得我们学习与借鉴。

4.5.3 加强老旧住房的适老性改造

对于老旧住房进行适老性改造是国际社会的普遍做法，美国、日本等国家对老年住房随老年人身体机能下降逐步改造均有相应的政策支持。我国大多数老年人住房建成年代久远，与之相关，住房设计严重落后，存在功能区域划分不清、设施不完备等问题，对这些老旧住房全部推倒重建显然不现实，可以对这些老旧住房进行适当改造，使其更加适合老年人特点，减少各种不利或障碍因素，对提高老年人生活质量具有重要的现实意义。

4.5.3.1　加装电梯

随着我国老龄化程度的不断加剧，高龄老人、独居老人、生活不能自理老人的比率不断增加，老年是致残的重要因素，上海市调查表明，2006 年 60 岁及以上残疾人占残疾人总数的 63.69%；65 岁及以上残疾人占残疾人总数的 58.28%。老年人生理机能衰退，心脑血管疾病、骨关节病、痴呆等发病率和致残率较高，老年人脑血管疾病致残率占肢体致残的 20% 以上，骨关节病占致残因素的 20%。如前文分析，我国大部分老人居住在没有电梯的二层以上楼房中，上下楼梯成为其生活中面临的最大困难，成为制约身体出现障碍、腿脚不方便老人出行活动的关键因素。我们在为老年人的基本生活、就医、参与社会提供保障的同时，应关注他们出行的便利，只有顺利走出家门，才能够享受各类社会生活。电梯将是为他们出行提供的第一道方便之门。

解决这一问题的根本办法是加装电梯。从建筑设计技术上看，在老式居民楼上加装电梯是可行的。从电梯质量上看，已开发研制出适合多层住宅改造用的电梯。工作的重点是确定责任主体，如果居住在以单位为主体兴建的住房中，则单位应负起解决这一难题的责任，如西安交通大学老旧住房加装电梯由大学负责。

解决这一问题的难点在于资金筹措。应制订多层次、多渠道筹措资金方案。政府层面，国家及各级政府可以安排专项财政预算，补贴部分资金。国家在出售住房、进行房改时向职工收取了一定资金，可以动用这部分资金予以建设。北京市老楼加装电梯办法 2010 年出台，根据方案，最主要的资金来源为“房改”时的售房款或住房维修资金。社会层面，呼吁社会赞助、捐赠是增加资金来源的有效途径。居民个人层面，对于全体业主可以适当小额摊派。至于电梯安装后的运行费用，可以参照商品房的收费标准，通过收费方式解决。

多层老旧住房因为情况复杂，困难较多，国家可以在有条件、有能力的小区先行开展，以起到示范作用，总之，只要政府重视，单位负责，解决问题的办法总能找到。西安交通大学在这一事项上为社会做出成功示范，2013 年 2 月，西安交通大学重要民生工程——住宅楼加装电梯试点工程破土动工。北京西郊一家空军干休所意识到安装电梯对提高老年人生活质量的重要性，决定对旧楼加装电梯。上海市在老旧住房改造，加装电梯方面走在全国前列，他们成立专门课题组，立项研究这一难题，提出许多切实可行的建议，如对老旧住房加层出售，用所得资金进行前期加装支出及后期维护。北京等其他城市也在积极探索中。

总之，解决好老旧住房加装电梯问题，是国家关心民生、实施惠民工程的重要举措。解决好加装电梯问题有利于稳定居家养老，应对老龄化，提高老年人生活质量。

4.5.3.2 安装室内紧急呼叫系统(Emergency System)

老旧住房改造的另一个重要方面是安装紧急呼叫系统。我国独居老人日渐增多，老年人单独居住或与配偶同住，遇到突发事件若没有救援，发生意外事件的风险很高，老人突然摔倒或猝死于房间，多日无人知晓的事情时有发生。如果房间能安装紧急呼叫系统则对老人的生命形成保护。据调查，在老旧住房改造中有安装紧急呼叫系统需求的老人占比最大。紧急呼叫系统不存在像电梯那样因价值量巨大难以实现，也不需要征得大多数业主的广泛同意，只根据老人个人意愿安装即可，社区安装监控系统统一管理，对提高老年人生活质量大有益处，应该大力提倡，并采取鼓励措施逐步普及。国内亦有成功案例，如杭州体东社区为一些高龄以及健康状况较差的老年家庭统一安装了紧急呼叫系统，一旦家中出现危急事故，可在第一时间通过网络通知社区办公室和医疗机构，受到老年人家庭的青睐。

4.5.3.3　加装扶手

对于行动不便的老人，扶手犹如拐杖，给生活带来极大便利，同时能够降低老人摔倒的风险，对提高老年人生活质量具有积极意义。应将此项工程引进老年人家庭，具体做法可参照残疾人室内设施安装办法进行，北京市于2019年出台《北京市居家环境无障碍改造服务管理暂行办法》，对重度失能的老年人、经济困难家庭老年人给予居家改造补贴，限额5 000元费用的承担，其他老年人也可申请，先由个人提出申请，政府审批，评估机构入户评估，实施改造。国家可以设立专项资金，支持老年住房适老性改造。

4.5.4　建设长寿型住宅

今天的普通住房二三十年后即成为老年住房，建设好今天的普通住房，未来改造的难度就会降低。打造终生住宅、长寿住宅具有十分重要的意义。所有人最终都将走向衰老，不可能所有人选择居住养老院，或者购置老年住宅，大部分将居住在自己年轻时或中年时购置的房产中直到生命终结。所谓长寿型住宅，亦称终生住宅、通用住宅，是能够适应人一生中各个阶段变化，从生到死都能享用的住宅，是住房在建设之初即考虑了人们一生的需求，对随着年龄增长、身体功能下降需要改造的地方事先进行预埋设计（潜伏设计），留出备用改装口。美国、日本等国家在这些方面积累了许多成功经验，值得学习借鉴。

对电梯设置应有明确要求，欧洲发达国家四层及以上楼房必须安装电梯。德国规定五层及以上楼房必须按无障碍规范设置电梯，如根据实际使用情况暂不设置的必须为将来加建做好潜伏设计。我国1987年颁布的《住宅建筑设计规范》以及1999年建设部和国家质量监督局发布的规范中则规定七层及以上住宅必须设置电梯。政府应尽快修订电梯设计标准，建

议新建住宅中四层楼及以上均应设置电梯，在所有多层住房中如果一时不安装电梯应预留潜伏设计以便将来改造之用，做好长远规划。

4.5.5 开展反抵押贷款

我国老年人大多数拥有产权属于自己的住房，一般靠近市区，位置较好，在经历多轮价格上涨之后一般价值不菲，利用住房改善自己的老年生活，以房养老是不错的选择。以房养老在美国等西方国家获得成功。随着我国老年人子女数量减少，房产未必一定留给子女，我国城市有约4.53%的老人愿意以房养老（吴玉韶、郭平，2014）。结合以前的实践经验及出现的问题，以房养老应做好以下工作。

4.5.5.1 国家出台相应政策加以支持

反抵押贷款期限较长，政策风险极高，因此国家长期稳定的政策支持是不可或缺的保障。2013年9月13日，国务院发布的《关于加快发展养老服务业的若干意见》（以下简称《意见》）明确提出开展“老年人住房反向抵押养老保险”试点，这是第一次由国务院常务会议正式提出要求，意味着“以房养老”正式上升到国家战略层面。要想开展好以房养老，仅靠这一《意见》的出台远远不够，还需更多的后续政策支持。同时，国家要进行相关立法，使利益相关方在出现纠纷时有法可依，能够得到法律的保护。

4.5.5.2 指定国家金融机构开展以房养老贷款业务

我国从完全的计划经济走向市场经济，老年人对国有企事业单位有着特殊感情，对国有银行信任度更高，愿意同国有银行打交道，感觉心里踏实，国家指定国有金融机构将更有利于开展反抵押贷款。南京模式、北京模式贷款方均为私有企业，老百姓内心存在不信任感也是导致其失败的因素之一。

4.5.5.3 确定需求群体

开展反抵押贷款需要对需求对象予以确定。由于中国传统文化的影响,反抵押贷款的重点目标人群应为无子女老人,或少量思想超前不需要将房产留给子孙,能够接受反抵押贷款者。我国20世纪70年代开始推行计划生育政策,70年代出生的女性独生子女占同龄女性的5.4%,男性占6.5%,80年代后出生的女性占60%,男性占67%,而根据1990年生命表55岁之前死亡的概率为12.1%,假如独生子女家庭达到60%(城市及“90后”更高),死亡率为12.1%,大致推算7.2%的老人处于无子女状态,按照第六次全国人口普查60岁以上家庭户31 118 180户计算,无子女老人家庭户至少达到2 240 509户。依据上海市的调查结果,19.1%无子女老人有反抵押贷款的意愿,据此推断,将有427 937户愿意参加反抵押贷款,这是一个非常庞大的群体,如果这项工作开展得好,将使大量老人受益,实现以房养老,大大提高经济收入。

反抵押贷款的存在需要老人具备四个特征。第一,存在大量拥有完全产权的老人。第二,老人生活上处于“货币穷人,房产富人”状态,老人拥有价值量巨大的房产但无力支付养房费用、医疗费用、生活费用,为了将老人从生活窘迫状态释放出来又不影响现有居住条件可以进行反抵押住房贷款。第三,年龄有一定限制,年龄需达到70岁以上(参照美国的做法),过低年龄使贷款周期延长,风险增加。第四,房屋价值量较大,农村老人虽然拥有房产但房屋价值量低并不适合参加反抵押贷款。

开展好这一业务,前期的市场调查不可或缺,目前发达地区对这一问题进行了前期研究,如杭州市开展的针对50~69岁人群的反抵押贷款产品的需求意愿的调查,华东师大课题组对上海1 400名50岁及以上市民进行问卷调查了解“参加住房反向抵押贷款养老项目”的意愿。国家在适当时机采用抽样调查的方法,组织全国性的住房反抵押贷款养老项目意愿调查是大规模开展此项业务的重要步骤。

4.5.5.4　建立包含金融、保险、房地产、证券等在内的综合性运作机构

反抵押贷款是涉及多部门的综合性系统工程,仅依靠任何一个部门运

作都会带来较大风险，产生这样或那样的问题，可借鉴国外成熟做法，将相关主要行业加以联合组成一个合作机构统筹协调，以取得较好效果。

4.5.5.5　加强宣传

反抵押贷款是一个新生事物，绝大多数老人对之十分陌生，国家应加强宣传力度，让老人对其有充分了解，让真正有需求的老人能够通过这种方式实现自己的愿望，让更多的老人受惠，幸福地安度晚年。

4.6　本章小结

首先，与其他人群相比，老年人住房处于较差状态，中龄老人、高龄老人处于最差状态，除数量指标略有优势外，在产权、质量特征、室内设施等方面均处于较差状态。按照正常规律，老年人住房应该在所有年龄群体中处于较好的状态，因为住房是人一生财富积累的结果。我国的情形有所不同。一方面，是生命历程的结果，这些老人在年轻工作时国家执行“高积累、低消费”的分配政策，老年人住房较差。改革开放后，国家兴建了大批住宅，老年人住房得到较大改善，但当时住房的重点在于解决“住得下”的问题，无论是住房设计、面积大小、设施安装上均处于落后状态。1998 年停止实物分房后，住房的改善需要使用货币通过市场解决，老年人年轻时工资低，积累少，无支付能力，加上商品房购买时对老年人不提供按揭，使老年人住房的改善受到限制。另一方面，从家庭层面看，财富流流向下一代，孩子的教育、抚养更加重要，抑制了老人住房条件的改善。

其次，老年人住房内部存在差异，有一成多老人住房达到富裕标准，但更重要的是我们还应看到，有 20% 的老人住房处于困难状况，人均面积不足 8 平方米，或者没有自来水，或者没有室内厕所，其中存在一重困难的达 16.3%，二重困难的达 3.5%，三重困难的达 0.2%。0.2% 的低比率背后却是庞大的总量数字。造成住房困难的既有个人家庭原因，也有社会原因。

最后，大多数老年人普通住房存在适老性问题，突出问题包括居住在无电梯的多层楼房中的比例较高。另外，室内无障碍设计欠缺，紧急呼叫系统、扶手等的缺失给老年人生活造成不良影响，甚至成为致残等危险事件发生的诱因。

老年人普通住房应成为建设的重点，要增加投入，针对老年人普通住房中的突出问题，采取措施，积极应对。

第一，对老年住房状况应有清醒认识，老年人住房属于弱势而非优势，这种弱势既有个人因素的影响，但更关键是历史原因造成的，应该尽力补偿，努力改善老年人住房条件，负起政府应负的责任，不能完全交由家庭、个人承担。

第二，面对住房极端困难老人，需要建设老年保障性住房，解决老年人的居住问题。

第三，对老年人住房进行适老性改造，设置专项资金，对有需要的老人进行设备、技术、资金上的支持。改造通常包括安装电梯、安装室内紧急呼叫系统、加装扶手及无障碍改造等。

第四，建设长寿型住宅。对普通住房，在建设时就要做好潜伏设计，以便以后的加装改造。

第五，积极探索适合我国国情和我国老年人特点的以房养老政策，使老年人利用已拥有的普通住房资源换取更适合自己养老的住房或货币资金改善生活。

第5章

养老机构问题分析及未来建设

养老机构是老年住房体系的重要组成部分,当家庭提供的照料不能长期持续时,入住养老机构,无论从子女角度还是从老人角度来看都是最佳选择。养老机构建设的目标应该使需要入住养老机构的老人能够住得上、住得起,使不同需求老人能够找到适合自己的养老机构。

未来应该设立多少养老机构,与现在相比缺口多大,现有养老机构存在哪些突出问题,未来如何建设是本章研究的主要内容。

5.1 我国养老机构的基本概念及其特征

对养老机构的概念进行界定并对其分类,比较不同形式养老机构的特点是研究养老机构的前提。

5.1.1 我国养老机构的基本概念

养老机构是指为老年人提供集中居住和照料服务的机构,是老年人专用住宅的重要组成部分，具体形式有老年社会福利院、敬老院、养老院、老年服务中心、老年公寓、老年护理院、康复中心、托老所等。养老机构为老年人提供生活照料、康复护理、精神慰藉、文化娱乐等综合性服务，可以是独立的法人机构，也可以是附属于医疗机构、企事业单位、社会团体或组织、综合性社会福利机构的一个部门或者分支机构。养老机构按性质可以分为福利性、非营利性和营利性三类。福利性养老机构由国家举办，非营利性养老服务机构不以营利为目的，营利性养老机构追求利益最大化（付欣，2011）。

在我国，养老机构承担着两项重要使命：一是为"三无"老人、高龄老人和失能老人提供养老服务，为社会的稳定发展提供可靠保障；二是养老机构的养老服务水平引领带动着全社会的服务护理水平。

5.1.2 养老机构的主要形式

老年社会福利院（Social Welfare Institutes for the Aged）属于国家社会保障的重要范畴，是民政部门在城镇设立的社会福利事业单位，其任务是收养城镇"三无"老人，即无劳动能力、无生活来源、无赡养人和扶养人，或者其赡养人和扶养人确无赡养或扶养能力的60周岁及以上老年人。被收养人员的一切生活费用由政府承担。老年社会福利院在其资源充分的条件下还可以接待非"三无"人员，包括自理老人、介助老人和介护老人，他们需按照市场价交纳一定的费用。老年社会福利院一般设有生活起居、文化娱乐、康复训练、医疗保健等多项服务设施。老年社会福利院属福利救济型养老机构，举办者为政府，这类机构是我国最传统的养老机构。

养老院（老人院，Homes for the Aged）是专为接待自理老人或综合接待自理老人、介助老人、介护老人安度晚年而设置的社会养老服务机构，设有生活起居、文化娱乐、康复训练、医疗保健等多项服务设施。养老院入住者一切费用自理。养老院与社会福利院不同，它属于自负盈亏的商业服务性质的养老机构，这类机构的举办方目前有政府、国有企业、民营企业、个人等。

护理院（护老院，Homes for the Device-aided Elderly）是专为接待生活半自理或完全不能自理的介助或介护老人安度晚年而设置的社会养老服务机构，设有生活起居、文化娱乐、康复训练、医疗保健等多项服务设施，为其提供生活及医疗保健康复服务。这类机构带有慢性病医院的性质。

托老所（Nursery for the Elderly）是为短期老人托管服务的社区养老服务场所，设有生活起居、文化娱乐、康复训练、医疗保健等多项服务设施，分为日托、全托、临时托等。

老年人服务中心（Center of Service for the Elderly）是为老年人提供各种综合性服务的社区服务场所，设有文化娱乐、康复训练、医疗保健等多项或单项服务设施和上门服务项目。

5.1.3　不同形式养老机构特点比较

不同养老机构呈现不同特点，从举办者、接纳人员到居住方式存在差异。社会福利院为各级政府举办，初衷是不让“三无”老人无法生活、无家可归而实行的社会救助，养老院与护理院主要差异在于收住老人不同，老年公寓作为一种新型的中高端养老机构呈现其独有特征，具有房地产性质（表5－1）。

表5－1　几种养老机构的对比

项目	社会福利院	养老院	护理院	老年公寓	托老所	老年人服务中心
举办者	政府	政府、企业、个人	政府、企业、个人	政府、企业、个人	政府、企业、个人	政府、企业、个人
居住时间	长期	长期	长期	长期	短期	短期

续表

项目	社会福利院	养老院	护理院	老年公寓	托老所	老年人服务中心
入住者	城市“三无”人员，有能力的可接纳自理老人、介助老人、介护老人	自理老人、介助老人、介护老人	介助老人、介护老人	自理老人、介助老人、介护老人	自理老人、介助老人、介护老人	自理老人、介助老人、介护老人
有无收费	“三无”老人无收费，其他老人收费	收费	收费	收费	收费	收费
居住形式	“三无”老人无偿，其他老人租住	租住	租住	可租可买	租住	租住、提供上门服务

注：根据养老机构特征整理。

5.2 未来养老机构的数量测算

对养老机构建设的研究分为数量研究和质量研究两个方面，数量研究以分析入住养老机构人群特征为基础，结合未来老年人口的发展变化趋势，对未来养老机构等主要变量的需求量进行预测。

5.2.1 入住养老机构的老年群体特征

建设养老机构，首先要对入住群体的特征进行把握，意愿人群呈现怎样的特征，实际入住人群又呈现怎样的特征，这是建设好养老机构的基础。

5.2.1.1 意愿入住养老机构的老年群体特征

意愿人群是未来入住机构的潜在人群，掌握他们的特征对预测未来养老机构的发展走势十分重要。不同社会经济特征人群呈现不同的入住意愿，也可以说这些特征的差异影响着入住意愿的差异。本研究采用2006年

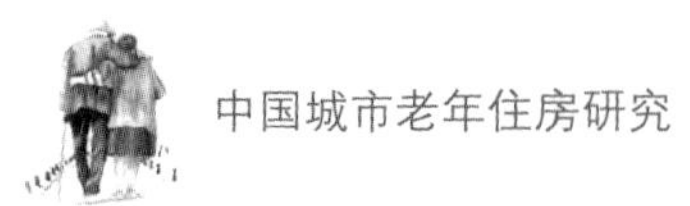

城乡老年人口状况追踪调查数据对不同人群的入住意愿进行统计。

对养老机构信息掌握不足在我国城市老年人中普遍存在,2006 年这一人群占比达 60%,不了解养老机构情况就无从谈起是否愿意入住。为减小分析的误差,我们删掉不了解养老机构情况的老人,仅将了解养老机构的老人纳入研究范围,选择个人家庭变量 8 个——性别、年龄、受教育程度、住房状况、经济收入、生活自理能力、城市类型、是否独生子女父母,利用列联表形式进行统计。

不同社会经济特征人群入住意愿存在差异,女性老人意愿比例高于男性,中龄老人入住意愿最高,受教育程度指标上没上过学和私塾入住意愿远高于其他组,独生子女家庭老人入住意愿较高,住房状况富裕家庭更愿意入住养老机构,经济状况良好者入住意愿更强,半自理老人更倾向于机构养老。

上述描述性分析中难免有变量间的相互影响而形成虚假相关,为得到真实相关关系,本研究进一步采用 Logistic 回归模型进行分析,将其是否愿意入住养老机构作为模型被解释变量,其中 1 表示愿意,0 表示不愿意,将年龄、性别、受教育程度、日常生活活动能力(Activities of Daily Living, ADL)、住房是否富裕、是否空巢、是否独生子女父母、夫妻共同经济收入 8 个变量作为解释变量。在模型中将年龄分为 60~70 岁、70~80 岁,80 岁以上三组表现年轻老人、中龄老人和高龄老人;日常生活活动能力(ADL)是由日常生活自理能力量表中的穿衣、吃饭、上厕所、上下床、室内走动和洗澡 6 个指标组成,如果被调查者 6 项回答均为“不费力”则为完全自理,如果有一项回答为“有些困难”则为部分自理,如果有一项回答为“做不了”则为不能自理,经济收入 = 工作平均月收入 ×12 + 做生意等收入 + 股份分红 + 退休金 ×12 + 利息收入 + 其他收入 + 老伴退休金 + 老伴务工收入 + 保险赔付 + 老伴其他收入 + 出租房子年收入 + 集体救助 + 社会养老保险金 + 企业养老补贴 + 其他补贴 + 政府救助,共 16 项家庭之外收入来源之和。

模型整体检验显著,各项分类变量检验显著,纳入模型的8个社会经济因素均与入住意愿相关,经济收入呈现两头强的特征。年收入5 000元以下的贫困人群入住意愿最强,他们在养老机构的住房与生活照料优于现有的家庭,养老机构对其具有拉力或者说吸引力。年收入5万元以上的富人可以入住高级养老公寓,生活品质得到提升。女性入住意愿是男性的1.58倍,没上过学和私塾的入住意愿高过其他人群,其他学历差异不大,未呈现与受教育程度高低相关的关系。年纪越轻,入住意愿越强,或者说年纪越轻对机构养老的接受度越高。住房条件越好,越愿意选择居家养老。生活半自理老人入住意愿发生比是生活不能自理老人的4.3倍,是完全自理老人的2.8倍,与我们想象的完全不能自理老人入住意愿最高的情形相反,可能因为完全不能自理需要入住者已经入住,现有被调查者已经过滤。空巢老人入住意愿是非空巢老人的近3倍,独生子女家庭老人是非独生子女家庭老人的2.28倍。子女数量的不同意味着老人可获得的照料人力资源的不同,独生子女家庭老人在依靠自己家庭成员照顾时显然感到人手缺乏,老人对自己处境忧虑较多,从主观意愿上便更多地依赖社会机构养老,入住养老机构的意愿比率明显高出非独生子女家庭。

值得注意的是,住房富裕程度与年龄两个变量回归统计结果与描述性统计结果相反,表明描述性统计呈现的相关关系为虚假关系,在控制了其他变量的影响后,二者的关系为真实关系。回归结果表明,低龄老人入住意愿高于中龄老人,住房富裕老人更愿意住在自己家中。

5.2.1.2　实际入住养老机构的老年群体特征

本部分以实际入住养老机构的老人为研究对象,了解已经居住在养老机构中的老人的社会经济特征,毕竟意愿只是愿望,实际是已将意愿转化为行动,研究实际入住者更有价值。

(1)利用2011年中国老年健康影响因素跟踪调查(CLHLS)数据进行分析

在2011年中国老年健康影响因素跟踪调查（CLHLS）的数据中，城镇实际入住养老机构老人占3.1%，入住率大大高于全体人口。因中国老年健康影响因素跟踪调查（CLHLS）偏重于高龄老人，调查数据有偏，并不能代表总体情况，只反映样本情况。首先进行描述性统计，分析不同年龄、是否离退休、健康状况、生活富裕程度、婚姻、性别、希望居住方式7个变量在实际入住率上的差异。婚姻状况中有配偶包括有配偶同住和有配偶不同住，无配偶包括离婚、丧偶和未婚。独居包括自己单独居住和仅与配偶同住，分为“独居（子女在不在附近无所谓）”和“独居（子女在附近）”。

从结果来看，90岁以上高龄老人入住机构者较多，是否享受离退休制度对实际入住情况影响不明显，健康状态较差者和对自己健康状况不好回答者入住较多，经济困难者入住较多，婚姻状态中离婚、丧偶、未婚等无配偶者入住较多，女性老人入住者较多，希望居住的方式中希望入住养老机构而成为现实者较多，另有回答不知道者比例较高。从另一方面来说，已经入住的老人中有2/3期望在养老机构养老，另有1/3并不认为目前的居住状态是自己的理想状态。当然也会有个别居家养老老人希望入住养老机构，占比为1%。

为进一步分析不同变量对老年人实际入住情况的真实影响，本研究利用Logistic回归模型。首先将城镇老年人口进行筛选，不做加权处理，将是否入住养老机构作为因变量，自变量则选择实际年龄而非年龄分组、性别、是否享受离退休制度、健康状况、生活富裕程度、婚姻状况、希望哪一种居住方式、目前存活儿子数量、目前存活女儿数量9个变量。

模型中年龄、存活儿子数、存活女儿数为定量变量，其余为定性变量，性别变量中女性为参照类，希望的居住状态变量中养老机构为参照类，是否享受离退休制度变量中享受离退休制度为参照类，婚姻中无偶老人为参照类，生活富裕程度变量中不富裕为参照类，健康状况中不好为参照类。

9个变量中，性别、生活富裕程度、健康状况及存活的儿子数量4个变量统计检验不显著。在这些变量中，他们呈现的与入住养老机构之间的相关关系并不确定。进一步采用决策树模型进行辅助分析发现，生活富裕程度对入住养老机构有影响，生活不富裕人群更多地入住养老机构，与前文意愿入住的结果一致。年龄、婚姻、是否享受离退休制度、希望的居住方式以及存活女儿数统计检验均显著，对入住养老机构产生影响，年龄发挥着作用，年龄越大，入住发生比越高。希望入住养老机构的老人实际入住比率最高，而希望与家人同住老人入住发生比最低。无偶老人入住概率是有偶者的3倍多，享受离退休制度老人入住概率是不享受者的两倍多，子女数量的影响儿子与女儿不同，儿子数量统计检验不显著，随着儿子数量的增多入住概率降低并非小概率事件，但女儿数量的增多降低了老年人入住的概率。

(2)利用其他调查数据进行分析

年龄。2009年中国人民大学社会与人口学院和老龄委联合对全国民办养老服务机构进行了调查。本次调查为全国范围的城乡调查，调查的民办养老机构中74%属于城市，另有11.6%在乡镇，二者之和约占86%，因此本研究分析时采用该调查数据来代表城市具有一定的代表性，但存在一定误差。

调查结果显示，入住者的年龄以80岁及以上的高龄老人居多，占近四成，年轻老人比例相对较低(表5-2)。此结果与前文居家老人入住养老机构的意愿结果相反，意愿比例中年龄越轻入住意愿越高，印证了前文高龄老人、中龄老人有入住意愿者已经入住的推测，仍在家养老的潜在入住群体是行为选择后的结果。

将入住养老机构的老年人年龄结构与全国老年人年龄结构相比，可以看出80岁及以上高龄老人占比仅为13%，但在机构中占比达到39%，高龄老人选择机构养老的比重远远高于其他两个年龄组人群。无论绝对量还是相对量，高龄老人都是养老机构收住的主要人群，这与高龄老人生活需要照料、自理能力差、介护和介助老人比例较高不无关系。

表 5-2　城市养老机构入住者年龄分布

年龄组(岁)	实际入住民营养老机构老人		全国老人	
	人数/人	比重/%	人数/人	比重/%
69 岁以下	67 580	28	22 054 614	52
70～79 岁	80 093	33	15 242 996	36
80 岁及以上	94 241	39	5 353 849	13
合计	241 914	100	42 651 459	101

注:1. 全国老人数据来源于 2010 年第六次全国人口普查。
2. 实际入住民营养老机构老人数据来源于 2009 年全国民办养老服务机构调查。
3. 数据统计时进行了四舍五入。

性别。根据历年民政部门统计数据,入住养老机构老人以男性为主,男性老人是女性老人的约两倍(表 5-3)。若考虑老年人口性别比较低的影响,男性老人实际入住的概率更高。由于中国传统男主外女主内的习俗,男性老人一旦退休进入老年期,其对新的生活适应的难度高于女性,大多数男性老人不擅长料理家务,不能自己洗衣做饭,生活能力差,如果配偶不能为其提供照料,自己的基本生活将成为一个大问题,入住养老机构的可能性大大增加。另外,入住养老机构需要经济支持,男性老人的经济状况优于女性老人,据统计女性老人中有大约 2/3 经济不独立,经济状况的差异是导致入住养老机构老人性别差异的一个核心因素。

表 5-3　城市养老机构入住者性别构成

范围	年份	在院人数/人	女性人数/人	女性占比/%	男性人数/人	男性占比/%
全国	2004	279 588	96 389	34	183 199	66
	2005	312 194	112 805	36	199 389	64
	2006	283 783	103 314	36	180 469	64
	2007	226 120	88 043	39	138 077	61
	2008	290 035	115 915	40	174 120	60
	2009	322 729	124 301	39	198 428	61
	2010	363 140	139 986	39	223 154	61
	2011	387 673	152 255	39	235 418	61
	2012	448 792	173 432	39	275 360	61

续表

范围	年份	在院人数/人	女性人数/人	女性占比/%	男性人数/人	男性占比/%
北京市	2004	12 776	5 423	42	7 353	58
	2005	6 479	2 792	43	3 687	57
	2006	7 771	3 337	43	4 434	57
	2007	7 695	3 548	46	4 147	54
	2008	6 429	2 856	44	3 573	56
	2009	7 554	3 241	43	4 313	57
	2010	11 244	4 756	42	6 488	58
	2011	14 881	7 502	50	7 379	50
	2012	12 035	6 032	50	6 003	50

数据来源:历年《中国人口年鉴》。
注:数据统计时进行了四舍五入。

从性别构成的动态变化来看,女性老人入住的比率不断提高。女性老人经济上的独立性越来越高,社会地位越来越高。以北京市老人作为对照,北京市老龄化程度高,经济发达,福利待遇较好,可以看作中国未来的发展方向。从数据上看,北京市女性老人的比例大大高于全国数据,2004~2010 年入住比率基本稳定在 43% 左右,上下浮动不超过 3%,2011 年猛增至 50%(图 5-1),反映大城市女性老人经济条件较好,社会地位较高的特点。

自理程度。老年人自理程度是影响其养老模式的核心指标之一。通常老年人如果生活能够自理,则居家养老与机构养老均可,其影响因素在于经济能力,对养老机构的认可度、心理影响、与人交往能力等;如果处于介护和介助状态,则日常照料成为重要影响因素,如果居家生活日常照料因人力资源有限、社区服务缺乏而无法承担,则进入养老机构的可能性大大增加。

从 2012 年数据来看,入住养老机构的老人自理者仍占多数,介助和介护老人比例相当,从动态变化看,自理老人所占比重逐年下降,介助和介护

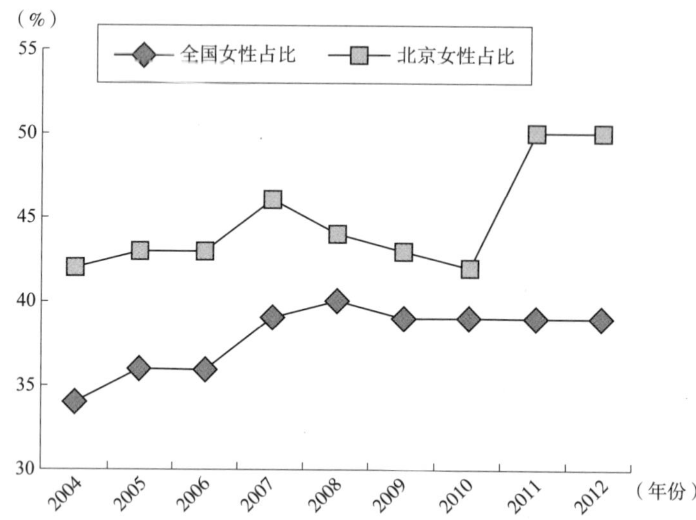

图 5－1　北京市女性老人与全国女性老人入住养老机构比重对照

老人比重不断上升。

如果将北京市的现状作为中国未来的发展状况，则介助、介护老人比重已超过自理老人，成为入住人数最多的群体，从发展变化来看，自理老人比重快速下降，介助和介护老人直线上升，其中介护老人上升最快（表 5－4）。

表 5－4　入住机构老人的自理程度分布

自理程度	2009	2010	2011	2012
全国				
自理人数/人	224 851	234 922	240 345	269 619
自理比例/%	69.7	64.7	62.0	60.1
介助人数/人	47 192	70 334	81 052	90 425
介助比例/%	14.6	19.4	20.9	20.1
介护人数/人	50 686	57 884	66 276	88 748
介护比例/%	15.7	15.9	17.1	19.8
合计/人	322 729	363 140	387 673	448 792

续表

自理程度	2009	2010	2011	2012
北京				
自理人数/人	6 983	6 013	4 859	4 264
自理比例/%	62.1	47.1	32.7	35.4
介助人数/人	1 907	2 920	3 019	3 204
介助比例/%	17.0	22.9	20.3	26.6
介护人数/人	2 354	3 843	7 003	4 567
介护比例/%	20.9	30.1	47.1	37.9
合计/人	11 244	12 776	14 881	12 035

数据来源:历年《中国人口年鉴》。
注:数据统计时进行了四舍五入。

在民营养老机构中入住者完全自理老人占少数,为 44%,半自理和完全不能自理者占多数(表 5－5)。养老机构中介助和介护的照料床位较为稀缺,老人对照料的护理水平要求较高,否则,介护、介助入住老人比例将进一步上升。

根据 2010 年第六次全国人口普查统计数据,全国城市 60 岁及以上老人身体不健康,生活完全不能自理者 520 221 人,占比仅为 2.9%;另有虽不健康但生活能够自理老人 2 455 267 人,占 14%;而入住养老机构老人生活半自理及不能自理者占一半以上。身体上的变化是导致老年人入住养老机构的重要原因。

全国性数据与民办养老机构数据的差异表明了身体不能完全自理者入住公立机构的困难更大,民办机构更多地收住了介助、介护老人。从北京市与全国的数据比较来看,北京市介助、介护老人入住比率远高于全国,其中介护老人高出比率更多,反映大城市经济条件好,经济上为老人入住养老机构提供了保障,也反映大城市生活压力大,生活节奏快,子女提供日常照料困难更大的现实。

表 5－5　民营养老机构老人自理程度分布

自理程度	人数/人	构成比/%
完全自理	107 383	44
半自理	62 690	26
完全不能自理	65 772	27
临终	8 258	3

数据来源:2009 年全国民办养老机构调查。

自费状况。经济是决定老年人身体出现问题、照料无人承担时老年人有无能力入住养老机构的关键因素。全国养老机构自费人员占比在 2010 年首次达到 70%,大多数自费入住。从其发展过程来看,自费人员经历了由少到多的质的转变,2004 年自费人员比重仅为 30%,以后逐年持续快速攀升,2012 年达到 77%(表 5－6)。养老机构承担着国家收住“三无”人员及其他享受免费福利待遇的人员的责任,在人们生活水平较低、经济条件困难的阶段,入住者多为免费人员,自费入住尚属奢侈行为,对子女是个负担,对老人而言不符合其节俭的消费习惯。随着收入水平提高,自费入住者比例逐年提高,自费老人越来越多。

比较北京市入住者情况不难发现,北京市自费入住的比率远高于全国城市平均水平,2004 年是全国的 2.7 倍,但这一差距正在逐年缩小,到 2010 年差距缩小为 23%。经济发达城市自费人员占比更高与其经济较为发达、老人经济条件较好有关。北京市自费人员比重同样呈现不断上升趋势,已由 2004 年的 81%上升至 2012 年的 98%,几乎全部为自费人员,但其基数已经较高,上升空间有限。自费人员比重的变化同时也是我国家庭提供日常照料能力下降,老人寻找外部支援的结果。可以预见,北京市的模式将成为未来中国的模式。

动态来看,入住老人呈现自费人员比率不断上升,女性老人比率不断上升,介助介护老人比率不断上升的三上升特点。

表 5－6　北京市入住老年人自费状况与全国对比表

年份	全国			北京		
	在院人数/人	自费人员/人	自费人员占比/%	在院人数/人	自费人员/人	自费人员占比/%
2004	279 588	83 714	30	6 479	5 250	81
2005	312 194	98 089	31	7 771	6 666	86
2006	283 783	108 963	38	7 695	7 034	91
2007	226 120	124 129	55	6 429	5 477	85
2008	290 035	163 213	56	7 554	6 719	89
2009	322 729	216 399	67	11 244	10 438	93
2010	363 140	254 270	70	12 776	11 942	93
2011	387 673	288 017	74	14 881	14 148	95
2012	448 792	344 968	77	12 035	11 776	98

资料来源:历年《中国人口年鉴》。

综上,高龄、男性、无偶、空巢、独生子女、自理状况差、住房条件不富裕、经济状况一般、享受离退休金的老人更多地选择机构养老,低龄、女性老人表现出较高的入住意愿。

5. 2. 2　未来养老机构老年人数量、机构数量、机构建筑面积测算

随着老年人口数量的快速增长,对养老机构的总量需求必然同步甚至更快增长,但究竟设立多少养老机构需要从数量上进行把握,既要避免养老机构建设的大跃进,避免过度建设造成不必要浪费,又要避免数量不足,使有需求的老年人愿望无法满足,造成养老问题社会化,引起社会及家庭动荡,因此对未来养老机构进行数量测算具有重要的现实意义。

5. 2. 2. 1　未来入住养老机构老年人数量测算

根据前文所述的入住意愿和实际入住养老机构人群的社会经济特征

的比较，刺激老年人入住意愿的正向因素有独生子女家庭、高龄、空巢、无偶、享受离退休制度5个，随着其比率的提高，入住者比率随之提高，未来中国独生子女老年家庭比率将大幅增加，高龄化、空巢化是中国未来老龄化的显著特征，高龄化相伴的丧偶比率提高，享受退休制度老人比率不断增加，这些变化将促使入住率不断提高。

抑制的反向因素有家庭住房状况、健康状况，随着家庭住房质量提高和健康状况改善，入住者比率呈下降趋势。双向影响因素为经济状况。经济收入的提高刺激人们对高端养老机构的需求，同时，高收入可以通过聘请保姆解决照料问题，实现居家养老。高收入可能与富裕住房相联结，高收入者拥有更好的家庭住房，减少了入住机构养老的可能性。另外，低收入人群的减少或者说随着收入的不断提高，入住机构养老的意愿更有可能成为现实。抑制因素、刺激因素与双向因素交替影响，入住养老机构的比率是否出现井喷现象，关键要看普通家庭住房的改善速度及社区养老服务的建设情况。

除前文定量分析的影响因素外，来自社会、家庭和个人的其他因素对入住率同样产生抑制作用。传统观念对入住养老机构的消极看法，入住养老机构的迁居活动对老年人社会交往网络的消极影响，养老机构老年人群的聚集对老人心理的负面影响，均对入住养老机构产生抑制作用。社区养老服务的完善与发达程度同样产生重要影响。

综上，未来老年人口高龄化、空巢化、独生子女化，未来低收入老人收入不断增加，以及高龄化现象相伴的丧偶老人增多，将成为助推老年人入住养老机构的正向因素，而对养老机构养老方式不认可的观念，养老机构生活对老人心理的负面影响，对老人社交网络的破坏都成为抑制老人入住养老机构的负向因素。更为重要的是，国家正在大力推进社区养老模式，对社区养老服务建设进行大量投入，社区养老服务的不断成熟、完善能将更多老人留在家中。因此，未来老年人入住养老机构的比率会因人口结构的变化而持续增长,但因抑制因素的作用并不会出现井喷,当人口结构达到新的平衡,人口特征带来的刺激作用释放完毕,入住率将稳定在一个水平并将持续一段时期。

(1)城市老年人口数量预测

对未来城市老年人入住养老机构数量进行测算,要测算未来城市老年总人口。对老年人口总量的预测已有现成的结果,但缺少分城乡的数据。因此,第一步是对未来老年人口的城镇化水平进行估计,然后测算未来城市老年人口总量。

城镇化水平以2004~2012年城镇化水平为数据基础,采用联合国模型,以增长曲线的形式进行预测,预测结果是2020年达到52%,2030年达到59%,2050年达到71%。低于总人口预计的城镇化水平,即2020年的60%、2030年的70%、[①]2050年的80%,[②]预测结果基本合理。确定了城镇化水平,则可确定未来城镇老年人口规模〔表5-7中第(3)栏〕。

联合国模型计算公式:

$$URGD = \left\{ \ln \frac{PU(2)/[1 - PU(2)]}{PU(1)/[1 - PU(1)]} \right\} / n$$

$$\frac{pu(t)}{1 - pu(t)} = \frac{pu(1)}{1 - pu(1)} \times e^{urgd \times t}$$

其中:URGD为人口增长率差,PU为比率,n为两次调查之间的年数,t为距离第一次调查的年数(武洁、权少伟,2014)。

联合国模型法比较符合现象发展过程S形曲线的原理,在城镇化水平和机构入住率两部分计算时均采用这一模型。

① 联合国开发计划署2013年8月27日在北京发布的《2013中国人类发展报告》预测,到2030年,中国将新增3.1亿城市居民,城镇化水平将达到70%,届时,中国城市人口总数将超过10亿。

② 中国社会科学院城市发展与环境研究所预测,2050年城镇化率将超80%。

表 5－7　未来入住养老机构人数测算

年份	城乡老年人口/万人	老年人口城镇化水平/%	城镇老年人口/万人	按4%固定比率估计入住机构人数/万人	五段比率测算法		联合国模型测算法	
					入住率/%	入住人数/万人	入住率/%	入住人数/万人
	(1)	(2)	(3)	(4)	(5)	(6)	(7)	(8)
2016	22 520	50	11 210	448	1. 3	149	1. 6	174
2017	23 068	50	11 633	465	1. 4	162	1. 7	192
2018	23 601	51	12 054	482	1. 5	177	1. 8	211
2019	24 226	52	12 530	501	1. 5	193	1. 9	234
2020	25 010	52	13 098	524	1. 6	211	2. 0	259
2021	25 537	53	13 538	542	1. 7	229	2. 1	285
2022	26 361	54	14 145	566	1. 8	251	2. 2	316
2023	27 447	54	14 905	596	1. 9	277	2. 4	353
2024	28 753	55	15 799	632	2. 0	308	2. 5	398
2025	30 251	56	16 816	673	2. 0	344	2. 7	450
2026	31 447	56	17 682	707	2. 2	384	2. 8	502
2027	32 724	57	18 608	744	2. 3	428	3. 0	561
2028	34 032	57	19 568	783	2. 4	477	3. 2	626
2029	35 296	58	20 518	821	2. 6	530	3. 4	696
2030	36 422	59	21 402	856	2. 7	586	3. 6	771
2031	37 218	59	22 103	884	2. 9	642	3. 8	845
2032	38 059	60	22 840	914	3. 1	703	4. 1	926
2033	38 934	61	23 606	944	3. 3	770	4. 3	1 015
2034	39 821	61	24 390	976	3. 5	844	4. 6	1 112
2035	40 711	62	25 185	1 007	3. 7	924	4. 8	1 218
2036	40 999	62	25 613	1 025	3. 8	977	5. 1	1 313
2037	41 215	63	25 998	1 040	4. 0	1 031	5. 4	1 413
2038	41 405	64	26 366	1 055	4. 1	1 088	5. 8	1 518

续表

年份	城乡老年人口/万人	老年人口城镇化水平/%	城镇老年人口/万人	按4%固定比率估计入住机构人数/万人	五段比率测算法		联合国模型测算法	
					入住率/%	入住人数/万人	入住率/%	入住人数/万人
	(1)	(2)	(3)	(4)	(5)	(6)	(7)	(8)
2039	41 635	64	26 761	1 070	4.3	1 148	6.1	1 633
2040	41 950	65	27 213	1 089	4.5	1 214	6.5	1 759
2041	41 903	65	27 429	1 097	4.6	1 248	6.5	1 773
2042	42 014	66	27 747	1 110	4.6	1 288	6.5	1 793
2043	42 299	67	28 180	1 127	4.7	1 334	6.5	1 821
2044	42 793	67	28 754	1 150	4.8	1 389	6.5	1 859
2045	43 498	68	29 476	1 179	4.9	1 452	6.5	1 905
2046	43 924	68	30 012	1 200	4.9	1 478	6.5	1940
2047	44 571	69	30 703	1 228	4.9	1 512	6.5	1985
2048	45 329	69	31 476	1 259	4.9	1 551	6.5	2034
2049	46 038	70	32 220	1 289	4.9	1 587	6.5	2 083
2050	46 582	71	32 853	1 314	4.9	1 618	6.5	2 124

注:未来城乡老年人口数据采用杜鹏在《中国人口老龄化:变化与挑战》中预测数据,并按2013年实际人数进行修订,其他数据自行测算。

(2)入住养老机构老年人数量预测

对入住养老机构老年人数量进行预测,确定入住比率,可以采用三种不同方法进行预测。

方法一:按照4%的固定比率测算。

按照北京市"9064"①的规划标准,未来入住比率将达到4%,按此比率固定不变,测算未来入住机构老人将达到的数量。计算时直接用4%×未来老年人口数量〔表5-7中第(4)栏〕。测算结果显示,2020年将达到524

① 即90%家庭养老,6%社会养老,4%机构养老。

万人,2030 年将达到 856 万人,2040 年将达到 1 089 万人,2050 年将达到 1 314万人。这种方法将入住率固定不变,未来入住人数的变化完全由老年人数量增长引起。在目前入住率仅 1% 的实际下,这种方法夸大了入住人数,入住人数与床位数紧密相连,可以将其视为现有水平与目标床位数的差距。

这种方法以未来政府的预计作为测算依据,方法简单,一目了然。结果可推测若达到政府规划的比率,未来将有多少老人入住机构。

方法二:采用多阶段入住率测算。

以 2004 ~2012 年的实际入住率为基础,不同阶段采用不同入住率水平。2015 ~2025 年为养老机构快速发展时期,按照当前的增长速度即 5% 进行测算;2026 ~2035 年,1980 年 30 岁人开始进入 76 ~85 岁,自理能力开始下降,对机构依赖增强,入住率增高,按年均 6% 的速度增长;2036 ~2040 年,独生子女家庭老人全面进入中高龄阶段,人口结构稳定,由于"四二一"家庭结构变动引起的入住率快速增长阶段已成为过去,增长率开始下降至 4% 左右;2041 ~2045 年进一步下降至 2% ,2046 年以后不再增长,趋于稳定(表 5 –8)。据此入住率水平测算未来入住机构老年人数量详见表 5 –7 中第(6)栏。按此方法,2020 年入住人数将达到 211 万,2030 年将达到 586 万,2040 年将达到 1 214 万,2050 年将达到 1 618 万。

方法三:采用联合国人口模型测算。

因这一模型可以很好地模拟 S 形曲线的发展过程,在机构入住率测算时采用,以 2004 ~2012 年的实际入住率为公式计算的期初点和期末点,按此模型测算至 2040 年,因 2040 年时最初开始执行严格计划生育政策的人群达到 90 岁,人口年龄结构达到入住率最高值,且相对稳定一段时期,假设入住率不再增长,2040 ~2050 年维持峰值水平 6. 5% ,然后计算入住老年人数量〔表 5 –7 中第(8)栏〕。据此,2020 年入住人数将达到 259 万,2030 年将达到 771 万,2040 年将达到 1 759 万,2050 年将达到 2 124 万。

表5-8　年代与入住率对照

年份	入住率增长速度/%	1980年时20~30岁人群年龄/岁	特点
2015~2025	5	65~75	“四二一”家庭父母开始大批进入中龄老人阶段,对养老机构需求快速增长
2026~2035	6	75~85	“四二一”家庭父母进入中、高龄老人阶段,增长速度加快
2036~2040	4	85~90	老年人家庭结构趋同,增幅回落;城市部分人通过交纳社会抚养费生育二孩,子女数量增加使入住养老机构老人增长速度放缓
2041~2045	2	90~95	双独政策及单独政策的实施,生育率提高,非独生子女家庭再次增长,机构养老实际需求有所缓解,增长率再次下降
2046~2050	0	95~100	入住率达到峰值,不再增长

《北京市“十二五”时期老龄事业发展规划》中提出入住养老机构的老年人比率为4%。以往研究表明即使在发达的美国,也只有大约5%的老年人在养老机构长期居住(刘红,2009),2009年美国65岁以上老人中,机构养老(即在养护院或医院)老人的比例占4.1%(王承慧,2012),以上三种方法入住率控制在4%~6.8%,具有一定的合理性。

5.2.2.2　未来养老机构数量预测

根据《中国民政统计年鉴》,2012年全国城镇养老机构11 517家,年末在院人数100.6万人,平均每家机构87人左右,按此标准估算养老机构的数量。

按照入住机构人数/87测算未来需要的养老机构数量,并与2012年机构数相比测算未来需要增加的养老机构数量(表5-9)。

按2012年平均每个机构87人的规模估计,要达到2050年的机构数水平,即低方案15.1万个,中方案18.6万个,高方案24.41万个;低方案平均

每年需要新增 3 671 个机构，中方案新增 4 592 个机构，高方案新增 6 121 个机构。

表 5－9　未来养老机构数量测算　　单位：万个

年份	4%固定比率测算法		五段比率测算法		联合国模型测算法	
	需要的养老机构数	与 2012 年相比需增加的机构数	需要的养老机构数	与 2012 年相比需增加的机构数	需要的养老机构数	与 2012 年相比需增加的机构数
2016	5.15	4.00	1.71	0.56	2.00	0.85
2017	5.34	4.19	1.86	0.71	2.21	1.06
2018	5.54	4.39	2.03	0.88	2.43	1.28
2019	5.76	4.61	2.22	1.07	2.69	1.54
2020	6.02	4.87	2.43	1.28	2.98	1.83
2021	6.23	5.08	2.63	1.48	3.28	2.13
2022	6.51	5.35	2.89	1.74	3.63	2.48
2023	6.85	5.70	3.18	2.03	4.06	2.91
2024	7.26	6.11	3.54	2.39	4.57	3.42
2025	7.74	6.58	3.95	2.80	5.17	4.02
2026	8.13	6.97	4.41	3.26	5.77	4.62
2027	8.55	7.40	4.92	3.77	6.45	5.30
2028	9.00	7.85	5.48	4.33	7.20	6.05
2029	9.44	8.28	6.09	4.94	8.00	6.85
2030	9.84	8.69	6.74	5.59	8.86	7.71
2031	10.16	9.01	7.38	6.23	9.71	8.56
2032	10.51	9.35	8.08	6.93	10.64	9.49
2033	10.85	9.70	8.85	7.70	11.67	10.52
2034	11.22	10.07	9.70	8.55	12.78	11.63
2035	11.57	10.42	10.62	9.47	14.00	12.85

续表

年份	4%固定比率测算法		五段比率测算法		联合国模型测算法	
	需要的养老机构数	与2012年相比需增加的机构数	需要的养老机构数	与2012年相比需增加的机构数	需要的养老机构数	与2012年相比需增加的机构数
2036	11.78	10.63	11.23	10.08	15.09	13.94
2037	11.95	10.80	11.85	10.70	16.24	15.09
2038	12.13	10.97	12.51	11.36	17.45	16.30
2039	12.30	11.15	13.20	12.05	18.77	17.62
2040	12.52	11.37	13.95	12.80	20.22	19.07
2041	12.61	11.46	14.34	13.19	20.38	19.23
2042	12.76	11.61	14.80	13.65	20.61	19.46
2043	12.95	11.80	15.33	14.18	20.93	19.78
2044	13.22	12.07	15.97	14.82	21.37	20.22
2045	13.55	12.40	16.69	15.54	21.90	20.75
2046	13.79	12.64	16.99	15.84	22.30	21.15
2047	14.11	12.96	17.38	16.23	22.82	21.67
2048	14.47	13.32	17.83	16.68	23.38	22.23
2049	14.82	13.66	18.24	17.09	23.94	22.79
2050	15.10	13.95	18.60	17.45	24.41	23.26

注:表中数据自行计算。

5.2.2.3　未来养老机构建筑面积预测

根据《中国民政统计年鉴》,2012年全国城镇平均每个养老机构建筑面积为2 484.8平方米,按此规模进行测算,则根据入住人数估计所需建筑面积及需新增建筑面积见表5－10。

表 5－10　未来养老机构建筑面积测算　单位：万平方米

年份	4%固定比率测算法		五段比率测算法		联合国模型测算法	
	需要的建筑面积	与2012年相比需增加的建筑面积	需要的建筑面积	与2012年相比需增加的建筑面积	需要的建筑面积	与2012年相比需增加的建筑面积
2016	12 795	9 933	4 256	1 398	4 970	2 112
2017	13 281	10 418	4 627	1 769	5 484	2 626
2018	13 766	10 904	5 055	2 198	6 026	3 169
2019	14 309	11 447	5 512	2 655	6 683	3 826
2020	14 966	12 103	6 026	3 169	7 397	4 540
2021	15 480	12 618	6 540	3 683	8 140	5 282
2022	16 165	13 303	7 169	4 311	9 025	6 168
2023	17 022	14 160	7 911	5 054	10 082	7 224
2024	18 051	15 188	8 797	5 939	11 367	8 510
2025	19 221	16 359	9 825	6 967	12 852	9 995
2026	20 193	17 330	10 967	8 110	14 338	11 480
2027	21 249	18 387	12 224	9 367	16 023	13 165
2028	22 363	19 501	13 624	10 766	17 879	15 022
2029	23 449	20 586	15 137	12 280	19 878	17 021
2030	24 448	21 586	16 737	13 879	22020	19 163
2031	25 248	22 385	18 336	15 479	24 134	21 276
2032	26 105	23 242	20 078	17 221	26 447	23 590
2033	26 962	24 099	21 992	19 134	28 989	26 132
2034	27 875	25 013	24 105	21 248	31 760	28 902
2035	28 761	25 898	26 390	23 533	34 787	31 930
2036	29 275	26 412	27 904	25 046	37 500	34 643
2037	29 703	26 841	29 446	26 589	40 357	37 499
2038	30 132	27 269	31 074	28 217	43 355	40 498

续表

年份	4%固定比率测算法		五段比率测算法		联合国模型测算法	
	需要的建筑面积	与2012年相比需增加的建筑面积	需要的建筑面积	与2012年相比需增加的建筑面积	需要的建筑面积	与2012年相比需增加的建筑面积
2039	30 560	27 698	32 788	29 930	46 640	43 782
2040	31 103	28 240	34 673	31 815	50 239	47 381
2041	31 331	28 469	35 644	32 787	50 639	47 781
2042	31 703	28 840	36 786	33 929	51 210	48 352
2043	32 188	29 326	38 100	35 243	52009	49 152
2044	32 845	29 983	39 671	36 814	53 095	50 237
2045	33 673	30 811	41 470	38 613	54 409	51 551
2046	34 273	31 411	42 213	39 356	55 408	52 551
2047	35 073	32 210	43 184	40 327	56 693	53 836
2048	35 958	33 096	44 298	41 440	58 093	55 235
2049	36 815	33 953	45 326	42 469	59 492	56 635
2050	37 529	34 667	46 212	43 354	60 663	57 806

注:表中数据自行计算。

按照2012年机构实际平均面积测算,则2050年需要的建筑面积低方案为37 529万平方米,中方案为46 212万平方米,高方案为60 663万平方米。

5.3　我国养老机构存在的问题

我国养老机构正处于蓬勃发展期,政府提出“9064”或者“9073”的格局,每千人30张床位的建设目标被普遍写进规划,在我国大力建设养老机构的过程中暴露出一些突出问题,主要表现在:不公平竞争环境的存在,对非营利性养老机构的界定与监管不严格,总量过剩与结构性短缺并存。

5.3.1 存在不公平竞争环境

我国养老机构有公办、公办民营、民营等几种形式。公办养老机构即福利院是中华人民共和国成立初期设立的社会保障机构，沿用至今，主要解决城市“三无老人”的养老问题，其福利性和保障性始终未变。公办民营养老机构的产生是迫于某些公办机构经营不善，难以为继，为了生存将其转变为民间经营的模式。而民办养老机构则是由于老龄化加剧，通过引入民间资本建设的养老机构。

民营机构与公办机构处于非公平的竞争环境。从建设成本上看，公办养老机构土地、房屋、设施已投资到位，只存在运营成本，而民营养老机构则需要一切从头开始，仅前期建设投入的巨大支出已在竞争中处于劣势。此外，公办机构地理位置优越，靠近市中心，交通便利，医疗资源丰富，在资源的获取上更加快捷、便利，政府补贴多，管理规范成熟，服务水平高，人员专业，价格实惠，性价比高，这些优势民营机构均不具备。公办与民营机构从一开始就处在不公平竞争环境中，公办养老机构一床难求，北京市第一福利院、四季青养老院床位等待时间长达 3 ~ 5 年，民办养老机构床位大量闲置。这种巨大反差正是不公平竞争的结果。

不公平竞争还存在于新建养老机构与已有养老机构之间。对中部某城市的调查发现，2012 年以后新建养老机构能够得到政府 30% 的建设费用补贴，一次性 2 000 元/床的床位补贴，分两年发放，这一补贴按床位设置数核算，不受实际入住情况影响。这两项补贴以 2012 年为分界线，之前成立的养老机构没有资格享受，但已有机构由于建院时间长，设施老化，急需翻新或者重新装修，却得不到补贴支持。事实上，能够生存下来的养老机构已经经得住市场检验，信用高，服务好，政府不应为了推进新建机构而厚此薄彼，使新建机构与原有机构处于非公平竞争的环境中，不利于已有养老机构的发展。

5.3.2　对营利性与非营利性养老机构界定不清

将机构划分为营利性与非营利是国际通用标准。非营利性机构(NPO)是指那些依法建立,非政府、非企业,致力于社会公益事业的社会机构和组织,如协会、学会、基金会及民间非企业单位。非营利性养老机构属民间非企业单位。公益性、支持低收入阶层是非营利性机构的特征,非营利机构也可以盈利,但利润不得分红,其运营费用主要靠政府、慈善机构、社会捐赠解决。

我国民营养老机构绝大多数注册类型为非营利性,2009 年民营企业调查中,非营利性机构占 97%,营利性机构仅占 2.3%。在我国,养老机构之所以注册为非营利性,目的是获得更多资助,因我国政府对公办和非营利性机构提供的支持、优惠、补贴力度更大。实际运营中是否严格按照非营利性机构进行管理,缺乏监管。

5.3.3　总量过剩与结构性短缺并存

我国现有养老机构宏观总量上呈现过剩状况,床位利用率逐年下降,空置率逐年上升,从全年角度考察,按总人天数计算的空置率更高,2010 年达到 54%(表 5－11)。

表 5－11　城市养老服务机构入住率

年份	年末床位数/张	在院总人天数/人天	年末在院人数/人	按年末在院人数计算的床位利用率/%	按年末在院人数计算的床位空置率/%	按总人天数计算的床位利用率/%	按总人天数计算的床位空置率/%
2004	378 997	83 256 394	279 588	74	26	60	40
2005	419 131	89 052 893	312 194	74	26	58	42
2006	399 391	81 955 667	283 783	71	29	56	44
2007	330 396	61 509 095	226 120	68	32	51	49
2008	414 885	79 231 213	290 035	70	30	52	48
2009	492 625	86 036 276	322 729	66	34	48	52
2010	566 678	94 382 094	363 140	64	36	46	54

数据来源:历年《中国人口年鉴》。

但以此断定我国养老机构供大于求而停止养老机构的供应建设则有失偏颇。这种高空置率并不能说明养老机构太多，只能说明不符合老年人入住意愿的养老机构太多，总量过剩的背后隐藏着结构性短缺，主要表现在以下几个方面。

5.3.3.1　接纳介助和介护老人的床位相对紧缺

完全自理老人选择养老机构相对容易，几乎所有养老机构能接纳，但对于介助、介护老人可选余地较小，存在数量不足的问题。如北京太申祥和山庄拒绝接收失能老人。介助、介护老人需求较多，需要专业人员的护理，对护理的要求更高，占用护理人员时间更长，对医疗条件要求更高，所以在床位的供给上存在不足。民办养老机构介助、介护老人比率更高正是适应市场需求的结果。

介助、介护老人动态入住比例年年攀升，需求量不断增长，对介助、介护型养老机构的建设应予以足够重视，应作为建设重点鼓励发展。

5.3.3.2　中高档次养老机构供不应求

我国城市养老机构最初从收养“三无”老人发展起来，普遍存在设施简陋、价位低廉、服务匮乏的问题，难以满足部分老人的高水平需求。有的养老机构只能提供基本的饮食住宿照料服务，每位老人仅一床一桌而已，面积狭小，房间缺乏独立卫生间，更缺乏洗澡设施，伙食较差，组织老年活动较少，照料服务极为简单。笔者对北京市顺义一家公办民营养老机构进行电话调查，发现老人的活动仅限于散步、做操、集体唱歌，精神层面的服务较少。对门头沟一家养老机构调查发现设施极其简陋，黑暗的平房内仅有一张破旧铁床和一张破旧桌子，住在这样的养老机构，老人的感觉是等待老去、等待离开，生活质量无从谈起，对老人没有多少吸引力。

随着社会发展、生活水平提高、经济收入增长，老人对养老机构要求随之提高，档次过低的普通养老机构很难满足老人的需求，老人对中高档次养老机构需求量不断增加，部分经济条件优越老年人有能力支付较高费用，期望得到更好的服务。环境好、价位适中的中高档养老机构深受老人欢迎。北京太申详和养老院 80 万～120 万元的会员费，外加每月几百元的生活费属中档消费水平，其明清王府式园林建筑安静、典雅，颇具吸引力，一上市便被抢住一空，目前处于满员无床位状态，等候时间不确定。中国台湾地区养老机构的发展出现类似现象，整个养老机构供远大于求，中高档次的养老机构受到老人热捧，供不应求。当然养老机构档次的提高也要避免脱离实际的过度奢华，毕竟经济实力极其雄厚的老人为数不多。

5.3.3.3　市区养老机构更受欢迎

老人更愿意选择市区养老机构，市区拥有便利的交通，方便老人出行及家人看望，拥有更专业的医疗机构，方便老人保健治疗，市区熟悉的环境与生活老人更能适应。以北京为例，根据《北京市民政事业统计年鉴》统计，北京市的养老机构中城八区共有约 121 所，占所有养老机构数量的 41.3%；共有床位数约 18 362 张，占总床位数的 42.7%；入住人数 11 670 人，平均入住率为 63.7%；北京其他区共有床位约 24 651 张，入住人数为 11 197 人，平均入住率为 45.4%。市区的入住率高出非市区将近 20%，老人入住养老机构有向市区汇集的愿望。

5.4　未来养老机构发展与建设的对策建议

5.4.1　营造公平竞争环境

对于公办与民营养老机构的建设，国家应该一视同仁，甚至对民办营利性机构应给予更多支持与优惠。从法律上、制度上、政策上营造公平的竞争环境，使民办养老机构能够生存下来。

政府在鼓励新建机构的同时，也要支持已有机构，已有机构由于建院时间长，设施老化，急需翻新或者重新装修，应该对改建、扩建、装修等费用给予补贴，使新建机构与已有机构处于公平竞争的环境中，以利于已有养老机构的发展。

5.4.2 对非营利性养老机构加强监管

明确界定营利性与非营利性养老机构，在机构注册时对二者区别加以宣讲，让注册人根据自己情况合理选择，非营利性机构一定要体现公益性质，不以盈利为目的，在获得政府支持的同时以牺牲盈利为代价，注册时要权衡好自己的社会责任和经济利益，明白自己的定位是公益事业还是利润追求。

对已注册的非营利性养老机构务必加强监管，不允许此类机构分红、取得利润，坚决打击虚假行为，坚决杜绝套取国家补贴的事件发生，让低收入老人真正得到实惠。

5.4.3 明晰公办养老机构的角色定位

公办养老机构为政府投资兴办，其职能定位应为福利性、保障性和特色性。公立养老机构应扩大保障范围，我国老年福利院是中华人民共和国成立初期为保障极端贫困的城市“三无”人员而设置的福利性养老机构，保障面窄，收住人群少，而今随着社会的发展与人民生活水平的提高，贫困的定义也随之发生变化，福利院应扩大保障范围，从“三无”人员扩大到那些住房极端贫困人员以及靠低保度日的老年人，以更好地体现保障性。随着保障人群的扩大，公办养老机构将无力接纳社会其他人员，将主要精力用于保障困难及极低收入老人，回归本位。

公办养老机构应建立民营资本难以介入或运作困难较大的特色性养老机构，以满足特殊人群需要。随着老年人群体总量的扩大，阿尔兹海默症患者不断扩大，且这类人群有其特殊特征，可以设立专门机构解决他们的养老问题，例如，建立专门收住阿尔兹海默症患者及精神失常患者的机构。目前专门针对精神问题的机构较少，根本无法满足此类老年人需求，且老年人与其他年龄人群混居，不利于老年人生活照料。普通民营养老机构很难具备照料这些特殊人群的能力，这些人群家庭照料有困难，机构拒绝接收，其晚年生活状况可想而知。再如，建立医疗护理型养老机构，政府在与各大医院合作方面具有民营机构无法比拟的强大优势。政府应更多地负担起这样的职责，转变职能，发展民营机构无能力涉及的领域，填补空白，同时公立机构退出市场有利于民营企业公平竞争，更好地发展。

5.4.4　解决总量过剩与结构性短缺的矛盾

养老机构出现冰火两重天的现象，公办养老机构，性价比高的养老机构，服务设施好、有特色的养老机构出现排位等候的情况，但是有些养老机构入住率低。究竟应该怎样调整养老机构的结构，应加强对养老机构和老年人的调查，了解老年人的真正需求，了解养老机构床位过剩的原因，对那些入住率过低、不能满足老年人需求的机构采取措施，促使其转型；对那些档次过低，除了城市“三无”人员外几乎无人问津的机构予以关停或者合并，使有限的资源特别是土地房屋资源得到充分利用。国家对各类养老机构要从宏观上做好控制，调整好养老机构的结构。

5.4.5　发展日间照料中心等短期养老照料服务机构

解决居家养老的一个有效途径是大力发展社区养老服务，设立长期或短期托老所、日间照料中心等养老机构，为老年人提供上门服务，使资源更加集中，提高资源的使用效率。

因此，在单独家庭养老无法实现的情况下，未来养老的主流模式将采取以社区或社会为依托的集中养老模式。政府、社会、家庭将有限的养老资源相对集中，使更多老年人能够分享养老资源，如照料人力、机构等，以更少的劳动力投入照料更多的老人，老年设施的集中使用能够提高资源的使用效率，集中养老是解决我国未来家庭养老的有效途径。发展老年服务中心、老年日托照料中心、托老所等短期照料机构，白天家人上班，老人入住机构享受集中养老的资源，老人能够得到周到照顾，子女可以安心工作，晚上接老人回家，老人又能享受与家人团聚的天伦之乐。短期养老照料服务机构的发达程度直接决定着未来居家养老的实现程度。但这要求老人生活处于完全自理状态或至少达到半自理状态，对于不能自理的老人则主要依赖机构。

与我国有着相同文化渊源的韩国同样经历着发展史上最为严重的老龄化现象，为提高老年人生活质量，韩国政府设立了大量依托社区的老年人综合福利馆。韩国首尔瑞草区立方背老年人综合福利馆就是其中一家。

韩国首尔瑞草区立方背老年人综合福利馆成立于2009 年，位于首都首尔市瑞草区方背社区，是区立的三家社区养老服务机构之一，占地 3 124 平方米，建筑用地 1 126 平方米。拥有一座地上 5 层、地下 1 层的建筑大楼，员工 29 人。该机构旨在为瑞草区居住的 60 岁以上老人提供服务。

该福利馆室外环境优美、室内装修舒适。为老人提供全方位服务，提供适合老人的教育课程，如书法，提供法律、税务等咨询服务，提供生活、精神问题咨询服务，提供餐饮、美发、美甲生活服务，提供身体康复训练服务及棋牌活动，提供检查血糖、血压等基本的健康检查服务，提供场馆使用租借服务，为生活困难老人提供上门服务。综合福利馆设有日间照料中心，配有床位，家人早上上班时将老人送来，下班时接回家中，服务时间为周一至周六全天。

韩国福利馆对我国依托社区的老年人日间照料服务机构建设具有借鉴意义。

一是注重老有所为。综合福利馆注重提高老年人的社会参与度，为老年人提供工作机会，福利馆中的各项服务工作支持老年人参加，咖啡馆、手工制作间都有他们的身影。老年人在参与社会工作的同时能够得到一定的报酬,增加其收入,形成较好的互动关系。

二是吸收志愿者服务。福利馆正式员工仅 29 人,维持其日常运行几乎不可能。他们大规模从社会上招募志愿服务人员,每月参加志愿服务者多达 250 人次,每年 7 400 人次。志愿者的无私奉献保障了福利馆的各项服务,同时给老人带来生机和活力,有利于老人心理健康。

三是政府提供资金支持。方背老年人综合福利馆为区立机构,运营所需资金 75% 由政府承担,10% 由企业赞助,另外 15% 由老人个人承担,具有较强的福利性,老人在此消费只需支付极低费用,如餐饮服务每餐费用仅 2 500韩元(15 元人民币),剪发仅 2000 韩元(12 元人民币),康复训练仅 1 000韩元(6 元人民币),大大低于市场价格。

四是服务对象覆盖面广。福利馆为区政府所立,设于居民区内,便于老人使用,接收辖区内的所有老人,覆盖面广。

5.5　本章小结

当居家养老出现问题,无法满足老人的需要时,老人将被迫选择入住养老机构,选择机构养老的老人呈现怎样的特点,这是对养老机构进行建设的基本问题。通过意愿入住人群与实际入住人群两个维度的分析,并对个别变量进行动态对比,发现男性、高龄、空巢、无偶、独生子女家庭老人、自理能力差的老人实际入住率高,而低龄、女性则表现出较高的入住意愿。动态分析表明,女性老人、非自理老人、自费老人实际入住率逐年攀升。结合未来老年人口特征,高龄化、空巢化是我国未来老龄化的显著特征,与高龄化相伴的是丧偶比率上升,享受退休制度老人比率不断增加,经济条件的改善,收入的提高,这些变化将促使入住养老机构老人比率上升。

抑制的反向因素有家庭住房状况、健康状况,随着家庭住房质量提高和健康状况改善,入住者比率呈下降趋势。社区养老服务机构的充分发展对入住率产生重要抑制作用。双向影响因素有经济状况,经济收入的提高刺激人们对高端养老机构的需求,对普通养老机构的支付能力提高,增加入住机构可能性,同时收入提高使老人有能力通过雇用保姆方式实现居家养老。由于正向刺激和负向抑制因素同时起作用,笔者判断未来养老机构入住率将持续增长。

在对入住人群及未来发展进行分析的基础上对养老机构的数量进行测算。分别采用多阶段入住率法、固定比率入住率法、联合国人口模型法估计未来入住养老机构的人数,所需养老机构数量及养老机构的建筑面积。

我国现有养老机构存在突出问题,表现在:存在不公平竞争环境;机构性质中营利性与非营利性界限不清,监管不力;总量过剩与结构性短缺并存。针对以上问题提出未来养老机构的发展与建设的对策建议:营造公平竞争环境,以利于养老机构公平有序地发展;明确营利性与非营利性养老机构的界限,对非营利性养老机构加强监管,严禁非营利性养老机构利润分红;明晰公办养老机构的角色定位,公办养老机构应回归福利性、保障性本位,发展民营机构难以介入的特殊领域,退出市场竞争;调整养老机构结构,解决总量过剩与结构性短缺的矛盾,养老机构的发展应紧贴市场,满足老年人需要,对无发展前途、档次过低的机构采取措施实现转型,或撤销合并;大力发展以社区为依托的日间照料中心等短期养老照料服务机构,稳定居家养老的基础。

第 6 章

养老地产问题分析及未来建议

养老地产的开发在我国尚属新生事物，从政策制定到开发模式仍处于探索阶段。因养老地产数量较少，对其研究采用案例分析，笔者选取泰康人寿燕园、海口恭和苑、北京太阳城、上海亲和源等典型案例进行深入剖析。对不同模式的特点进行比较，对存在的问题进行剖析。

6.1 养老地产的模式

养老地产，从形式上分为老年公寓和老年社区，老年公寓是为老年人服务的中高档养老机构，而老年社区是由家庭式的老年人住宅组成的成片开发的社区，老年社区中一般设有老年公寓。二者属老年人专用住宅，为老年人量身打造，符合老年人身心特征。

6.1.1 老年公寓

6.1.1.1 老年公寓的界定

对老年公寓的界定通用有以下几种定义。《老年人居住建筑设计标准》规定,“老年人公寓是指为老年人提供独立或半独立家居形式的居住建筑。一般以栋为单位,具有相对完整的配套服务设施”。另有将其界定为“老年公寓是专供老年人集中居住,符合老年人体能心态特征的公寓式老年住宅。具备餐饮、清洁卫生、文化娱乐、医疗保健服务体系,是综合管理的住宅类型”。还有人认为“老年公寓是由政府和社会力量按照市场原则兴建的专供老年人居住的单元楼,单元楼中单元房的面积可大可小,入住者可租可买。老年公寓配套设有食堂、医务室、健身房,配置各种服务人员”。

可见,老年公寓具有公寓式、居家性、设施完善、服务周全、可租可买的特征。老年公寓属于机构养老的范畴,它既体现了老年人居家养老的特性,又体现了老年人享受社会集中养老服务便利的特性。

老年公寓与养老院既相区别又相联系,二者属于不同概念,现实生活及文献资料中将二者混为一谈的并非少数,概念不清往往影响人们的选择,不利于老年公寓的发展。

(1)相同点

二者同属于养老机构,为老年人集中提供餐饮、医疗、娱乐与保健服务,配有专门服务人员。

(2)不同点

第一,居住形式不同。老年公寓属于独立或半独立式的居家式住宅,是老年人自己的家,老年人可依自己喜好、按家庭风格对房屋进行布置、家具摆放,而养老院属集体居住,设施统一,家具物品布置、摆放统一。

第二,房屋类型不同。老年公寓属公寓式、单元式住宅,室内通常配套有卫生间及厨房,一般为楼房,以“栋”为计量单位。我国目前的老年公寓多成片开发。养老院则属宿舍式住房,老年人可以单独居住或二人、三人、四人共同居住,统一住宿,没有单独厨房。

第三,管理模式不同。老年公寓在管理上呈现完全独立性或半独立性,老人拥有较大生活自主权,可以自己做饭,也可集体用餐,就寝时间、活动时间均根据自己情况安排。养老院则为半军事化管理,统一就餐、统一活动、统一休息。

第四,住房档次不同。老年公寓属中高档住房,一般建在自然环境优美地区,配套设施齐全,而养老院属中低档住房,设施简陋。

第五,租售方式不同。老年公寓属地产项目,是房地产与养老机构的结合产品,可买可租,而养老院只能租住,我国目前养老公寓以租住居多。

只有确切了解二者的差别,才能准确判断老人的入住类型,据调查,许多老年人不愿入住养老院、福利院,却非常愿意入住老年公寓,因为二者呈现完全不同的居住风格,得到完全不同的照料服务。

6.1.1.2　老年公寓的特点

(1)老年公寓属中高档住房

老年公寓的目标人群为具有一定经济实力,追求生活质量的老人。普通养老院无论服务设施还是居住条件均无法满足他们的养老需求,而这种住房条件优越、设施完善、服务到位的老年公寓是他们追求的养老模式。

(2)老年公寓具有商业房地产特性

中华人民共和国成立以来,国家为解决极端困难人群的养老问题设立了福利院、敬老院,符合条件的老人入住无须交纳费用。这是国家制定的一项养老政策,但只能解决极少数老人的养老问题。随着人口老龄化的加剧,大量老人出于主客观原因不得不入住养老院,他们自己需要交纳费用,因此在原福利院、敬老院的基础上扩建、新建了各种类型养老院,但这些养老院均不能摆脱之前福利院、敬老院的模式,适应不了中高收入人群的养老需求,许多房地产开发企业正是看到了老年公寓这一新兴项目的巨大市场需求而积极开发,老年公寓从筹资、建设、销售上看呈现突出的房地产特性。

(3)老年公寓投资大、回收期长

相对于一般房地产项目老年公寓项目具有投资大、回收期长的特点。

老年公寓按照老年住房标准开发，室内及室外的无障碍设计、公共设施的增加、后期高标准的生活服务、医疗人员及配套的设施使老年公寓建设成本高出普通地产项目0.5～1倍。老年公寓在销售上采取租售结合或者完全出租的方式比完全出售的方式占用更多资金，资金收回时间更长，有的开发商在建设老年公寓时将公寓与老年住宅建在一起，用出售房屋的资金弥补老年公寓的资金，还有实力雄厚的开发商用其他项目所得弥补老年公寓资金的长线占用。

(4)老年公寓具有服务性

老年公寓具有房地产与养老机构的双重属性，老年人租住养老公寓看重的是其贴心周到的服务，完善的医疗、保健等设施。服务性是老年公寓区别于普通房地产的标志，也是其盈利的重要方式。

6.1.1.3　老年公寓的分类

美国的老年公寓大致分为三类，独立型老年公寓(Independent Living)、服务型老年公寓(Assisted Living)、护理型老年公寓(Services and Amenities)，源于美国的老年公寓的类型划分已逐渐为世界各国所接受，成为世界通用的划分标准。

独立型老年公寓，主要供健康或基本健康的老年人居住。因老年人健康状况良好，提供的服务及医疗协助相对较少，这类公寓环境优美、居住舒适，包括所有的生活配套设施，高档公寓甚至包括高尔夫球场。典型的如美国的Woodcliff Lake、Calusa Harbour等。

服务型老年公寓，主要供生活处于半自理状态老人居住，提供与日常生活有关的各种服务，如洗澡、做饭、喂饭、喂药、洗衣、体检，定点接送购物、看病等，并应每个客户需求，提供个性化服务。服务的宗旨是促使老人拥有健康的身体，使老人尽可能自主地、有尊严地活着，提供服务并非越多越好，鼓励老人尽可能自主独立完成力所能及事务。典型的如美国Brighten Garden。

护理型老年公寓,主要供那些生活处于需要护理状态的老人居住,兼具医疗护理与康复的性质,这是护理型老年公寓的特有服务,当然,护理型老年公寓包括独立型和服务型的全部服务。典型的如美国的 Deer Creek。

6.1.1.4 我国老年公寓发展模式

(1)租住式

典型案例:北京太阳城银龄老年公寓、帝阳公寓。

通过交纳一定数量的押金和租金取得入住权,老人入住养老公寓,享受低价的公寓餐饮、优质的卫生保健、丰富的文体活动等服务,公寓营造出家庭氛围,有单独居室、一室一厅等房型,只可租住。

北京太阳城银龄老年公寓位于昌平区小汤山,设置在大型社区太阳城国际老年公寓中,是嵌入式养老公寓,与社区老人共享环境、医疗、餐饮、购物等设施。养老公寓采用传统租住式,老人按月交纳规定的费用,即可获得专门为老年人提供的护理、食宿、照料等服务。

公寓根据老年人的自理状况分为租住区和安养区。租住式公寓在银龄公寓 B 栋及高档公寓——帝阳公寓。主要接纳身体健康的老人。公寓户型多样,设有单人间、双人间、套间等,每个房间都设有独立卫生间,银龄公寓 B 栋不设厨房,面积 20 ~ 30 平方米。帝阳公寓更倾向于营造家的氛围,设有厨房,最小面积 66 平方米,一室一厅。公寓利用其特有的温泉资源定时向老人提供温泉水供应是其一大特色。公寓设有医务室同时可享有住区的医院设施及服务。公寓内每层设有餐厅,并在一层专门设有一个中央宴会厅,面积为 500 平方米,方便老人举办聚餐,公寓内组织开展各种文艺、体育活动。安养式老年公寓主要接纳生活半自理和不能自理的老人,建筑分布在银龄公寓 A 栋,是将养生、保健、医疗、康复、生活护理与心理关怀相结合的养老模式。

租住及安养式老年公寓采取押金加租住费用的方式,押金越多,每月月费越少。以最便宜的银龄公寓 B 栋为例,如果老人交纳 10 万元押金,则每月还需交纳 2 000 ~ 3 000 元的月租费,餐费不含在其中,每月餐费约600 元。

特点:将养老公寓嵌入老年社区,与社区老人共享医院等养老资源,因多种住房形式并存,可以实现居家养老、自理型、介助介护型转换,入住老人依然生活在熟悉的社区,避免了住所改变引起的心理负面影响。将养老公寓嵌入老年社区共同开发,老年社区中家庭住宅部分采取直接销售方式,快速收回资金,取得盈利,用售房收入支持公寓发展,克服了纯粹养老公寓资金回收期过长的问题。开发商持有公寓的经营权,取得经营性收入,实现盈利,目前公寓已收回成本,开始盈利。老人仅支付少量押金(5 万 ~ 10 万元),按月支付费用,符合中高收入老人经济水平。

不足:取得大片土地难度较大,大规模的老年社区开发需要大量资金。个别公寓老人不能单独做饭,家的元素减弱,自由度降低。

(2)酒店度假式

典型案例:海南海口恭和苑。

这种模式利用其气候优势将老年公寓开发为酒店式,老年人入住公寓如同入住普通宾馆,没有产权,仅享受住宿、饮食及其他各项服务。适合老年人短期旅游与疗养度假。这种酒店式老年公寓为老年人量身打造,针对性强,适合老年人居住。酒店排斥非老年人入住。

海口恭和苑是乐成集团开发经营的高端酒店式老年公寓,位于海口市海甸岛中心,西邻海南大学,北距海边 800 米,其地点可谓标准的闹中取静。有 296 套居住单元。室内外环境优雅,设计独特,采用低密度围合式院落的建筑形式,创造出迂回曲折的行进路线,具有丰富多元的室内外景观。位于居住区域中央的内庭花园是一大特色,130 多种植物,鸟语花香。园中4 000平方米的水系贯穿其中。

海口恭和苑以医疗保健为特色,公寓联手北京协和医院、中国康复研究中心、北京体育大学及一街之隔的海口市人民医院,利用其优质医疗资源，推出“健康改善计划”，提供涵盖全程健康管理、慢性病康复和运动康复三大方面的专业健康改善服务，遵从检测评估、健康档案、协助实施、持续优化四个可持续循环步骤，制订集科学健身、膳食指导于一体的疗养方案，并配备专属健康秘书协助实施，为住户提供优质的医疗健康保健服务。让老人在海口得天独厚的优质自然和人文环境中，精神焕发，颐养天年。

特别的营养餐饮是其另一特色。海口恭和苑专门配备营养师调配营养餐，有私家菜大厨烹饪美食，为老年人提供三餐三点的科学合理的美食餐饮。

恭和苑设计出适合老年人的丰富多彩的活动，如书法、绘画、下棋、唱歌、插花、编织、制陶、彩绘、舞蹈、桌球、外出采风等。

恭和苑是中等收入老人付得起的旅游度假项目，居住 30 天的费用为 7 980元/人，包含公寓全部的住宿、餐饮、活动及服务费用，若遇淡季还可打折。比起巨额费用之后每月仍需交纳 7 000 ~ 8 000 元服务费的公寓项目而言显得尤为实惠。

特点：对开发商而言，灵活的模式带来巨大的客源，入住率高，空置率低，随着人们消费水平的提高及整体物价水平上涨随时上调价格，给经营者带来丰厚利润。

不足：对老年人而言，酒店度假式老年公寓所需资金总量小，消费轻松，无太大经济压力，能够保有自己原有住宅，作为生活放松调剂的一种短暂居住方式，老人根据季节自如安排度假旅游时间，灵活性强。

(3)会员式

典型案例：上海亲和源。

实行会员制，个人通过交纳会员费成为会员享受会员服务。分为可转让、可继承会员及终身会员。

亲和源建于 2006 年，占地 83 680 平方米，总建筑面积 10 万平方米，834 套精装修房间，分大、中、小套三种户型。第一批会员于 2008 年入住。入住对象为55岁(女性)、60岁(男性)以上相对健康老人,会员卡分A、B两种,A卡可以继承,B卡可终身居住,但不可继承、不可转让。卡费由会籍费和年费两部分组成,A卡会籍费固定为118万元,年费依据居住面积确定,108平方米7.38万元,78平方米3.98万元,58平方米2.98万元。B卡则年费固定为4.2万元,会籍费随面积大小而有差异,108平方米88万元,70平方米60万元,58平方米45万元。老年公寓负责向老人提供全方位终生照料服务,属高品质、专业型、现代化、多功能的老年生活社区,配有健康会所、老年护理院、配餐中心、商业广场、管理中心等功能设施。

贴心周全的健康医疗服务是其第一大亮点。社区内配有自己设置的医院——亲和源医院/护理院,方便老人看病,为入住老人提供医生上门诊疗服务,与三甲、二甲医院等签订"绿色通道",老人可以方便地预约到专家,解决看病难的问题,公寓不定期组织老年科、中医科等专家到社区坐堂,公寓为每位会员建立"健康档案",根据身心情况,为会员设计"健康巡检方案",公寓还提供"代配药"服务、一年一次的健康体检服务、突发疾病紧急救护、定时定点测量血压服务等。

体贴的生活服务是其第二大亮点。提供清洁服务,包括每周一次的居室内的卫生保洁服务,每两周换洗床上用品服务,每半年清洗一次窗帘服务;提供代买代送服务:为会员购买需要的日用品并送至居室;提供代办代领服务:为会员定期代办集体户口、社保等事宜,为会员代领包裹、信件等;提供代购药配药服务:生活秘书、健康秘书根据会员所需药品清单前往医院代购、代配药品;提供社区班车服务。为方便会员出行,公寓提供每日往返社区与地铁站的班车服务;意外保险:每年为会员提供一份意外保险。

丰富多彩的文体活动是其第三大亮点。开展形式多样的节庆、竞赛、展示等主题活动,组织各种文艺类、体育类、创作类、实践类兴趣小组;邀请专家、教授开设专题讲座,内容包含历史、财经、时政、文艺、科技等各方面,组织旅游度假,提倡义工服务,组建由会员参加的义工队伍,为社会和会员提供温馨的义工服务，会员做义工所付出的奉献，存入“时间银行”，以后可以将其折算成其他服务；提供理财咨询服务，为方便会员进行各类投资和理财活动，向会员提供理财咨询服务。

特点：通过收取高额会费快速收回资金。会籍分为可继承、可转让与不可继承、不可转让两种，高额的会员费用相当于购买商品房的价格，但不能取得房产证。

公寓为老人提供全方面医养照料，老人生活质量较高，但所需资金量巨大，以 A 卡为例，一次性交纳会籍费相当于购房费从 1.1 万/平方米到 2 万/平方米外，另交纳相当于购置服务费的年费为 2 500 ~ 6 200 元/月。

不足：因开发时土地性质为工业用地，为其后续发展造成障碍，高额的费用让大多数老人望而却步。

(4) 保险捆挷式

典型案例：泰康之家燕园。

将保险概念引入养老公寓，将二者有机结合，实现捆绑销售，入住者需要购买一定的养老保险项目，金额达到规定额度即可获得入住老年公寓基本资格，若要居住需再交纳一定金额应急金作为押金，同时每月对公寓提供的服务交纳一定额度的服务费。这一模式将保险、理财、养老等概念相结合，相互促进，人们在购买养老保险的同时购买了老年公寓的居住权。

泰康之家由泰康人寿旗下的全资子公司泰康之家投资有限公司兴建，泰康之家投资有限公司是经中国保监会批准设立的专业从事养老社区投资与经营的全资子公司。泰康之家目前在北京、上海、三亚、成都均有布点，计划投资 134 亿元，拥有 7 100 套居住单元，客户可在五地自由选择。北京泰康之家老年社区地处北京昌平新城，距地铁站仅 500 米，交通十分便利，半小时可达北四环。泰康之家在北京的项目——燕园，投资 54 亿元，占地 17 万平方米，建筑面积 30 万平方米，可容纳 3 000 住户。燕园老年社区根据老年人年龄和身体状况分为独立生活、协助生活、专业护理和复兴花园四个功能区域。小区设有 1.8 万平方米的公共服务设施,包括 5 000 平方米的会所,会所设有美食中心、文化娱乐中心、健身运动中心,设有游泳池、阳光房,这里还举办乐泰学院等丰富多彩的活动活跃老年人生活。

泰康之家不出售产权,仅提供使用权,客户若交纳 200 万元以上的养老保险费即取得居住权,客户可以自己入住,也可让父母居住。实际入住时还要交纳入门费、乐泰财富卡费和月费,入门费最初定为 10 万元(押金),2015 年春节前笔者前往调查时这一价格已上调至 20 万元,入门费可退还,如果入住时间不足 3 个月或超过 3 年全额退还,入住的时间在 3 个月至 3 年则有折扣地退还。乐泰财富卡最低档一居室为 60 万元,最高档为 225 万元,如果入住时间不足 3 个月或超过 3 年卡费可全额退还,入住时间在 3 个月至 3 年则有折扣地退还,但退卡同时也失去了入住资格。月费按月交纳,最低档一居室每月6 000 元左右的服务费,2015 年 1 月 1 日起上调至 6 800元,此收费包含餐费 1 800 元,可自由选择是否用餐,若两人入住则费用为 10 800 元,人均 5 400 元。泰康之家在有空床位的情况下接收非保险客户。

泰康之家住房设计理念先进,学习了国外老年社区的经验,地板进行了防滑处理,遇水更涩,地面无高差设计,床头及卫生间安装紧急呼叫系统,在卫生间及洗浴处安装扶手,社区提供专供老年人使用的大数字电话,开关及门镜采用高低两档设计,方便轮椅老人使用,厨房为开放式,配备电磁炉,为安全起见,不采用天然气。非自理老人使用的推椅、30 秒恒温水注满的浴缸达到国际先进水平。走廊上每隔一定距离设置沙发凳方便老人随时休息。专为失忆老人配置记忆小镇。

泰康之家配备高水平专业服务,除配备自己的专业医院,还与北京市各大医院建立联系,开设绿色通道,为老人就医提供方便。

高端的养老社区配备专业的服务队伍,泰康之家已与职业学校签署用人协议,服务人员定期培训,专业的、充满活力的年轻服务团队是其他养老社区无法比拟的。

特点:泰康之家的全国连锁模式为老年人提供不同的居住点,满足老年人旅游的需求,为老年人省去旅游住宿费用。客户为自己购买保险保障的同时购买了养老社区的居住权,保险种类为投资分红类,可以用自己未来的返现交纳服务费,是将投资、保险与老年住房紧密结合的运作模式。

不足:所需资金量大,只能满足部分人群需求。开发商需要具备在多城市拿地的能力,并具备不同城市间老人调整居住地的管理能力。

我国养老地产领域的老年公寓虽模式各具特色,但拥有共同特征。

一是拥有丰富的医疗资源。在养老公寓内直接设置医院是普遍做法,如太阳城内的太阳城医院;泰康之家的正在规划中的内部医院,亲和源医院,太申祥和医院;恭和苑则利用其位处市中心的有利条件与一墙之隔的人民医院建立联系。这种将医疗资源放在重要位置的做法适合老人的需求,有调查表明,老年人对于各方面的需求排序,首要的就是医疗(刘美霞,2011)。

二是拥有优美的环境。无论设在城市周边的养老公寓还是闹市中的酒店式公寓,环境优美是其共同特点。老年人喜欢安静的环境,在优美安静的环境中有助于养生。

三是完善的设施。目前地产项目的老年公寓在硬件设施上考虑了老年人的身心特征,室内的无障碍设计、应急用的紧急呼叫系统、无落差处理、防滑地板、特殊马桶、扶手设置等,适合老年人居住,为老年人提供便利,减小发生风险的概率。同时公寓设有健身娱乐设施,方便老人锻炼身体。

四是贴心的服务。提供餐饮、清洁、照料等周全的贴心服务,如燕园的一天一次,亲和源的一周一次室内清洁服务为老人省去了麻烦。

五是丰富的活动。组织丰富多彩的文体活动,迎合了老人的兴趣,增加了与人交往的机会,丰富了老年人生活。

6.1.2 老年社区

6.1.2.1 老年社区的概念与特点

老年社区与老年公寓同属房地产范畴。老年社区又称老年住区或老年小区,是以老年人为居住对象,成片开发、建设的老年住宅楼栋的集合体,配置有老年人辅助设施,并具备一定城市功能或配套功能(刘美霞等,2008)。根据居住人口的年龄构成可分为混合老年社区和独立老年社区,混合老年社区是老年人口与其他年龄人口混合居住、年龄结构层次多样化的老年社区,独立老年社区是纯老年人居住的社区,非老年人不能长期居住,我国目前开发的老年社区均为独立老年社区。笔者在对老年社区及老年公寓进行综合研究后,认为拥有家庭住宅是老年社区的最主要特征,是老年社区区别于老年公寓的最主要标志。老年社区具有以下特点。

老年性。其居住对象为老年人,通常我国老年社区规定女性 55 周岁以上,男性 60 周岁以上方可入住,与我国退休年龄一致。其住房特征适合老年人,从室内到室外,设施设计及布局为老年人量身打造,适合老年人体态特征。

房地产性。老年社区与其他商品房一样从开发到出售按房地产的模式及程序进行。

服务性。老年社区除具备普通商品房住区的一般服务属性,更重要的是具有为老年人服务的特殊属性,配有餐饮服务、医疗保健、社区活动等。

家庭住宅性。老年社区的住房由普通居家式独立住宅、公寓式老年住宅及合居式老年住宅共同组成,普通居家式独立住宅是基本组成部分,通常带有产权性质。老年社区中通常包含老年公寓,称为嵌入式老年公寓。老年人在身体基本自理状态下可以居住在自己独立式住宅中,随着自理能力下降可以移至老年公寓,再度下降到半自理或完全不能自理时则入住合居式住宅由社区集中照料。

6.1.2.2 老年社区的模式

开发商通过征地、建设、出售的传统渠道与模式经营开发养老社区。以北京太阳城国际老年公寓、海南龙溪谷为例。

(1)传统经典式

典型案例:北京太阳城国际老年公寓。

北京太阳城国际老年公寓坐落于北京昌平区小汤山镇,南距亚运村 15 千米,占地 42 万平方米,建筑面积 34 万平方米,可入住 3 800 户,小区有住宅式公寓和租住式、安养式银龄公寓共 23 万平方米,商业配套设施 7 万平方米,人工湖 2 万平方米。社区建筑类别有别墅、板楼和小高层。配套设施完善,设有太阳城医院、国医堂等医疗机构,另设有购物中心、文化教育中心、健身娱乐中心、物业管理中心,并设有邮局。

北京太阳城根据老人需求提供居家式、租住式、安养式、度假式四种养老方式。居家式指老人在小区购买带有产权的住宅公寓和别墅,老人居家养老,社区为老人提供医疗、购物、送餐、家政等上门服务的养老模式。这种居家式的公寓和别墅共 1 300 多套,北京太阳城一度成为全国养老社区的样板。太阳城的家庭住宅室内体现无障碍设计,在细节上考虑老年人的身体需要,包括电梯能容得下担架、暖气采用地暖等,深得老人喜爱。

北京太阳城采用居民住宅销售与公寓租住并存的模式,建设资金快速回笼,以售养租,租住公寓目前已开始盈利。太阳城作为首家大型养老社区,在土地划拨、政策支持方面享有优惠,是养老社区建设的成功典范。

北京太阳城参照美国太阳城的许多做法,将老年人家庭住房与老年公寓放在同一社区,以便老年人需要入住养老机构时不离开自己熟悉的环境,减少环境变动带来的不利影响,同时,也方便老人回家与家人团聚,方便子女探望。社区的安养区适合老人身体不能完全自理时入住,是典型的终身住宅小区。

北京太阳城社区是居家养老的老年社区,在产权的获得、物业管理方面与普通小区并无区别，但是作为老年社区其入住人群限定为老年人，室内、室外设计符合老年人需求，小区的医院、超市、银行、邮局为老年人生活提供便利，方便的上门服务以及提供餐饮等服务对老年人十分必要。

（2）候鸟迁徙式

典型案例：海南龙溪谷。

海南龙溪谷位于海南省万宁市，自然环境优越，三面环山，一面朝河，空气清新，北临兴隆热带森林公园，东南濒临南海。占地 88 011 平方米，建筑面积 120 257 平方米，与海南其他房产项目类似，以养老度假为卖点，购房者为那些候鸟迁徙式老人，冬季在这里享受温暖的天气，清洁的空气，夏季则飞回自己的家乡。

项目虽冠以养老社区之名，购买者基本为老年人，但在购买时并不审查年龄资格。住房在设计上并未真正体现老年住宅的特点，未按老年住宅标准设计。小区提供的老年服务包括成本价的餐饮服务、免费为业主代买生活用品并送至室内、组织老年人文体活动等。

海南龙溪谷并非真正意义上的老年社区，仅满足老年人对热带、亚热带气候的需求，并提供简单的社区养老服务。这类小区在海南的房地产开发中具有代表性。正如海南省地产协会的专家分析，到目前为止，海南还没有一处真正意义上适宜不同地区老年人养老习惯的养老社区。

6.2 养老地产开发中存在的问题

老年公寓及养老社区在开发中存在突出问题，如市场定位偏高、缺乏有力监管、开发难度大等，严重影响着养老地产的开发与建设。

6.2.1 市场定位偏高

目前我国老年公寓项目多数瞄准高端人群，但根据我国实际国情，老年人处于经济上的弱势，工资收入普遍较低，高端人士少之又少，有过度超前之嫌。如燕园除押金之外，还需交纳每月 6 000 元以上的费用。亲和源抛开 118 万元的会籍费不谈，仅一年 7 万元的年费对于许多老人而言就是无法想象的巨额开支。保利地产在北京和熹会同样收费不菲。过高的收费标准将绝大多数老人拒之门外。许多开发商出现亏损，和熹会因价位过高入住率较低，降低收费标准后情况稍有好转。亲和源在 2007 年开盘仅有 11 户人家，2008 年也仅推出几十张卡，至 2014 年 7 月，仍有剩余。燕园的高收费同样影响其销售，一期开发的 350 套公寓至今仍有 40 套剩余。相反，北京太阳城老年公寓每月 3 000 元左右的费用比较接近老年人的消费水平，因而入住率较高。太申祥和 80 万押金之后，每月不足千元的消费水平引得老人蜂拥而至，早已一床难求。这说明养老地产领域的中档养老公寓，设施完善，服务贴心，是老年人向往的养老住房。由此可见，制约养老地产发展的最大障碍是价格。

我国属于发展中国家，我国养老地产开发商在开发项目时多参照欧美发达国家的做法，这并不完全适合我国国情，如建设网球场、高尔夫球场、游泳馆，这些运动在我国老人中并不普遍，徒增建设及运营成本，利用率却很低。另外，欧美老人比我国老人富裕得多，他们有强大的社会保障体系和医疗保障体系做后盾，富裕率和富裕程度与我国老人不在同一级别，盲目照搬只能增加风险。

6.2.2　缺乏有力监管

以养老地产名义开发的老年社区并不完全具备老年住房的属性，未达到国家老年人住房标准，如龙溪谷老年社区住房。养老地产的服务与设施是区别普通地产的标志，老年社区与老年公寓相比相对简单，后续的养老服务并不复杂，对于开发商而言，只要设施投入到位，后期移交物业公司管理即可。但本研究两个案例中均存在承诺服务不能兑现的问题，如太阳城的温泉开放时间，购房时开发商承诺周一至周五，入住后被告知周一至周五的某一天，小区内电瓶车比刚入住时减少，各项服务出现严重下滑。龙溪谷承诺的餐饮服务、上门服务、温泉泡池等在一期业主已经入住时仍未兑现。

6.2.3 国家需要增强支持力度

我国快速的老龄化趋势使得老年人口规模快速增长，巨大的老年人口总量给养老带来莫大的压力，也给市场带来了无限商机，我国许多房地产商已敏锐地意识到这一点，积极探索多种模式。但养老地产作为一种新兴老年住房形式，怎样建设，并无成熟套路，国家与企业都处于探索中，目前来看，国家对养老地产支持力度不够，走的是完全市场化的模式，开发商在项目开发过程中，包括项目申报、项目审批、征用土地、项目建设、交付使用等全过程均未得到政府的任何资助，无论是手续简化还是税收减免或者资金获取均无任何优惠。土地的取得采用招拍挂的方式，加大了养老地产的成本。养老地产具备服务性的显著特征，在建成投入使用后各种运营费用很高，如水电费、营业税、所得税等。目前的养老地产得到政府支持较少，项目开发成本的居高不下决定了其市场价格的不菲。

6.2.4 开发难度大

老年社区不同于普通地产，开发难度大。养老地产属于专门的老年住宅，设计及施工标准必须符合国家《老年人居住建筑设计规范》（GB 50340—2016）等建筑设计标准，增加了施工的难度与成本。老年社区因兼具商业和住宅性质，在开发与后期服务上涉及建设、金融、医疗、餐饮、家庭、文化、休闲等产业，产业链长，要求开发商有较高的整合产业的能力。对资金要求高，资金占用时间长，回收期长。目前试水老年社区的要么是万科、保利、绿城及国外知名房地产企业，要么是拥有资金优势的保险业，资金雄厚是共同特点，能够承担试水失败的风险，中小企业根本无能力涉猎。融资渠道有限，在房地产开发领域主要资金来源是银行贷款，与国外发达的 REITS(房地产投资信托基金)、保险公司、养老基金、私募基金等多形式、多渠道的融资体系相比我们的融资难度更大。另外，老年市场的不确定性为开发与建设增加风险。这对于从计划经济时代走过来，从低工资、低福利状态走过来的老人来说，仅依靠自身能力根本买不起、住不起，就算采取房屋置换，反抵押贷款措施仍然困难。老年人一生简朴，并不习惯高消费，除却房子本身不菲的价值，单就每月 6 000 元以上的服务费就难以接受。

6.3　养老地产开发与建设的建议

为做好养老地产开发与建设，需要做好以下几个方面的工作。

6.3.1　做好市场调查

做好市场调查是做好老年房地产开发的基础条件，我国地域广阔，经济发展不平衡，差异性大，如果泛泛而谈只会导致定位不准。确定目标城市后，有针对性地对老年人的规模数量、结构比例、经济支付能力、现有住房情况、对老年社区的认可度、购买偏好等相关问题进行调查，掌握第一手资料是开发建设老年社区的第一步，如果市场调查不到位，跟着感觉走，有可能导致开发的项目遭遇冷落，甚至出现亏本。

6.3.2　做好市场定位

老年公寓是面向中等以上收入老人而设立的，各项软硬件条件较好。欧美的老年公寓多建在环境优美、交通方便的城市郊区或闹中取静的城市中心，建筑风格古朴典雅；室内设备齐全，取用方便，室内布置与一般家庭居室大体相同。公寓设有生活服务、呼救报警、医疗保健、休息娱乐、文化学习、自助劳动等设施和场所。我国老年公寓吸收欧美设计标准,在设施建设、服务提供方面正迎头赶上,但价位过高,绝大多数老人只能望房兴叹。所以开发商与其争夺仅占极少数的高端人群,不如适当降低标准以降低成本,将中高收入人群纳入其中,扩大入住群体范围更具现实性。因此,开发商适当降低标准,满足老年人核心需求,如医疗保健、生活照料需求即可,贴近我国实际,这样才能降低成本,吸引更多老年人入住,实现规模效应。

6.3.3 借鉴国外先进经验,结合我国国情,探索老年住宅开发新模式,发挥后发优势

国外老年住宅开发与经营模式已比较成熟,我国房地产开发商可借鉴国外先进经验。在社区的建设方面,如户型设计、室内无障碍通道、紧急呼叫系统、各处扶手安置、开关降低、地板防滑、厨房凹进以及灯光亮度等方面借鉴国外成熟做法,为老年人居住提供便利;在室外设立无障碍小区道路,美化环境;在社区运营方面,提供餐饮服务、医疗保健服务等;在社会参与方面,为老年人提供各种机会,开展丰富多彩的文体活动。

就开发模式而言,我国出现的酒店度假式、嵌入式、租住式老年公寓很好地适应了老年人市场需求,取得了良好效果,开发商还应在国外模式基础上结合我国国情与文化偏好,开发出更多适合我国老年人居住的住宅模式,适应我国国情,适应我国现实,适应我国市场,发挥后发优势。

6.3.4 加快医疗配套改革,解决老年房地产开发的瓶颈环节

随着年龄的增长,老年人自理能力下降,对医疗的依赖程度增大,医疗设施的配套是所有老年房地产项目绕不开的关键因素,也是老年人购置房产最关心的因素之一。目前我国老年人只能在医保所在地就医消费的现

实限制了外地人对本地房地产的需求,本地开发的老年房地产项目只能销售给本地老人或健康老人,这种限制客观上缩小了老年人目标市场。打破医疗就医购药的地域限制,加快全国就医一体化进程,有利于实现房地产市场的全国性自由消费,有利于老年房地产市场的进一步健康发展,更好地满足老年人的养老需求。

6.4　本章小结

养老机构范畴的高档老年公寓及老年人住宅集中的老年社区同属养老地产领域,与一般地产火爆场面不同的是,养老地产非常冷清,开发难度极大。本研究通过几个典型案例分析,总结了老年社区呈现的几种模式,老年公寓主要有租住式、酒店度假式、会员式、保险捆绑式;老年社区主要有传统经典式、候鸟迁徙式等。通过不同模式剖析养老地产开发中存在的突出问题,市场定位偏高,价格偏高;老年社区缺乏监管,承诺服务难以兑现;国家支持力度不够;养老地产开发难度大,养老地产涉及产业链长,占用资金周期长,利润低,要求多,设计难,后续服务成本高,市场具有不确定性。

作为老年产业重头戏的养老地产在我国刚刚起步,没有成熟的套路可以选择,从政府到企业仍处于探索中,但其作为新生事物,有发展潜力,是未来老年住房建设的生长点,应予以适度支持和培育。

第7章

老年住房政策与老年住房建设建议

老年住房的建设无论是普通住房、养老机构还是养老地产都急需政府的支持。我国老年人在年轻时都为国家建设做出过贡献,国家应更多地关注他们与养老密切相关的住房问题。老年人本来就在社会中处于弱势,不仅表现在身体上、心理上及经济上,而且表现在住房上,政府对弱势群体给予关爱与支持是国际上的通行做法,目的是减小社会两极分化,缩小贫富差异,共享社会发展成果。为此,我国政府对老年住房建设应高度重视,制定切实可行的关爱老年人的住房建设政策并组织实施,发挥好管理者、监督者的职能。

我国政府在社会管理与建设中处于主导地位,要建设好老年住房,需要政府强有力的政策支持与财政投入。本章拟从政府的角度出发,研究老年住房政策的制定,提出老年住房建设的建议。

7.1　老年住房政策

老龄化严重的发达国家和地区对老年住房的建设十分重视,探索出许多成功模式,取得了丰富的经验,制定了适合不同老年群体的老年住房建设政策与项目计划。

7.1.1　国外老年住房政策梳理

7.1.1.1　美国

低收入住房税收抵免计划(Low Income Housing Tax Credits)。该计划是美国联邦政府最重要的扶持住房政策,于1986年开始实施。税收抵免指标按照一定条件分配给各州,各州根据营利性或非营利性开发机构的申请进行分配,开发机构得到指标后将指标卖给投资者以得到资金进行前期开发运作。投资者可以获得有限产权。这一计划规定,须留出20% ~40%的住房作为低收入出租住房。每年有此类住房15 000套,其中1/4是老人住宅。

老人住房支持计划(Supportive Housing for the Elderly Program)。该计划是美国住房和城市发展部针对低收入老人的住房支持计划,对老人住房的开发和扩建进行无息贷款支持。获得该项目支持的条件是私人非营利性机构必须提供40年的养老服务支持,政府给机构补贴,同时给养老服务人员补贴。据统计,1959 ~1997年,在该政策推动下,共有5 000个项目26万套建成。不过,政府资助时每个项目限50套,并对每套面积有限定。该项目将老人服务支持与住房建设结合起来,成功解决了与老年住房紧密相关的服务问题。申请该项目需要较长的轮候时间。

住房选择优惠计划(Housing Choice Voucher Program)。这一计划是政府对低收入家庭、老人以及残疾人的租金补贴计划。补贴资金由住房和城市发展部划拨给地方的公共住房管理局进行管理发放。符合条件的居民可以从市场上或从政府资助的房屋中寻找房源，居民仅支付家庭收入的30%，不足部分由地方公共住房管理局发放给房东。2003年共发放租金补贴210万份。该计划需较长轮候时间。

抵押贷款保险。面对中等收入老人，提供老人住房开发和整修的多种抵押贷款保险，以降低开发机构的贷款利率。

此外，还有基于社区发展的老人住房资助。该计划对老人住房的建设进行资助，包括贷款、拨款、租金，土地费用减免，税收减免，另外地方政府也会提供资金资助。

协助生活转化计划(Assisted living Conversion Program)。主要面向低收入老人，该计划为政府资助型房屋的适老性改造提供贷款支持。另有医疗保险等其他途径获得的房屋整修改造费用。

美国的老年住房支持计划名目繁多，甚至有专门的公司对个人住房支持计划进行专业打理，但真正能够得到政府支持计划的比率很低，占2.4%，美国联邦或者州政府计划支持的重点是低收入人群，资助低收入老年人是政策导向。美国把老年住房的资助与为老年人的服务结合起来，值得借鉴(朱光，2013；王承慧，2012)。

7.1.1.2 新加坡

多代同堂组屋。1987年兴建的较大面积住房，室内设计既分又合，共用起居室，此类住房设计目的在于适应传统“孝”文化，鼓励老人与子女同住。老人与已婚子女申请同住或邻近居住(在超过2千米或位于同一个市镇)时有优先权，被抽中的概率是一般人的2~4倍。同时政府推出共同居住或邻近居住的一次性优惠3万新元(约15万元人民币)。

乐龄公寓。房屋结构为一室一厅一卫，便于清洁，配有无障碍设计，开发对象为老年人家庭。凡55岁以上组屋屋主且全部申请人月总收入不超过1万新元者可以申请。产权30年，可延长10年，不可以转售，只能卖回给建屋局。设有政府投资 90% 的养老设施,对养老机构有一定补贴。

新加坡的住房政策具有普惠性,超过 80% 的居民居住在组屋,对于老年人,政府的政策导向是通过配屋时的优先权与资金上的优惠鼓励已婚子女与父母同住。专门针对老年人开发的老年住房乐龄公寓设计上适合老年人,配套上政府出资 90% 建设老年设施,养老机构在为老人提供服务时可以得到政府资助,政府将老年住房与老年服务统筹考虑(陈志刚,2014)。

7.1.1.3　日本

从 20 世纪 60 年代,日本政府就开始着手制定老年住房政策,1964 年,日本首次制定专门针对老年人的住房政策,以法律形式规定应向老年人提供公营住房。1976 ~ 1985 年日本政府通过“住宅建设 5 年计划”对老年人及低收入群体进行保障。1991 年政府制定“老人公共租赁住宅制度”,主要为老年人提供商品房住宅。2001 年开始执行、2009 年重新修订的《老人居住法》确定老年人专用租赁住宅,开发专门以老年人为租赁对象的住宅,这种新型租赁住宅能为老年人提供医疗、护理及生活服务,通过国家补贴的方式鼓励民营企业介入。另有专供老年人选择的优质住宅。2000 年《护理保险法》的出台明确提出对老年人住宅改造的支持,老年人住宅改造费用中的 90% 通过保险给付,个人仅承担 10% 的费用。2006 年颁布的《住宅基本法》对老年住宅的档次进行升级,一是提供现在及将来居住的住宅,即终生住宅;二是确保低收入者、老年人家庭的居住稳定。该计划的目标:一是修建优质老年人住宅,并允许子女继承;二是创造良好的居住环境;三是形式多样化,满足老年人不同的住宅需求。

日本政府大力扶持养老机构的开发与建设。日本的养护之家与特别养护之家为在家养老有困难的老人开设,老人按经济能力负担一部分,不足部分由国家与地方政府共同负担,国家负担 80%,地方政府负担 20%。另有低费老人之家,国家对经营费用抵减老人支付后的差额部分予以补贴。

日本政府的老年住宅政策历时半个世纪，随着社会发展不断完善，由最初的仅向老年人提供公营住宅，在分配时优先，到 2006 年的建立满足老年人不同需求的多层次住房，保障水平不断提高。日本政府在老年住房政策方面与美国相似，走民间资本介入、政府补贴优惠的路子，值得我们借鉴。另外，日本政府重视对老旧住房的改造，改造费用个人仅付 10%，通过这一计划，使老年人能够在自己房屋中生活更长时间，保持独立性。日本政府对公立养老机构进行大力度补贴，对低费养老机构进行部分补贴（刘东卫，2007；田香兰，2014；邹广天，1999；周俊山，2008）。

此外，其他国家也对老年住房进行支持，如加拿大设立廉租老年人公寓，由中央、省政府与城市合作完成，所需资金 90% 由中央和省政府承担，城市仅提供 10% 的财力支持，但公寓运营方面的费用则主要由城市承担，租金定价在老年人收入的 25%；德国的养老地产分为住宅体系和养老院体系，二者的建设皆由政府拨款予以支持，在运营方面，财政仍是养老经费的主要来源，为老年人提供住房补贴，为护理企业在税收上提供支持（朱光，2014）。

7.1.2 我国老年住房政策梳理

我国老年住房支持政策十分薄弱，中华人民共和国成立初期，老年住房的保障范围仅涵盖城市“三无”人员，这一保障范围一直沿用至今，形式上有福利院、养老院、光荣院等，以救济为主。党的十一届三中全会以来，为解决养老机构的资金问题开始走向社会化，向有支付能力的老人提供服务，自费老人逐渐增多。1991 年在《民政事业发展十年规划和“八五”计划纲要》中提出加速社会化，吸引社会力量和民营资本投资。国家对非营利性养老机构进行补贴，在土地划拨等方面予以优先考虑。

之后，随着 1998 年福利住房制度的终结，保障性住房开始出现，国家先后提供过经济适用房、廉租房、公共租赁房（公租房）、定向安置房、两限安置房(两限房)、自住型商品房等几种形式,其中廉租房、公租房只租不售,其他几种则可获得产权。保障房的保障群体与国际上的普遍做法相同,保障低收入阶层。政府在保障性住房的申请条件中有老年人优先的规定。如北京市经济适用房保障政策中的申请条件明确规定,老年人家庭可优先配售,但与此一同享受优先条件的还有重残人员、患大病人员等 6 类人员。北京廉租房住房保障政策中规定,优先面向孤、老、病、残等特殊困难家庭,城市最低生活保障家庭等。北京市两限房的相关政策规定,家庭成员中有 60 周岁以上的老年人、严重残疾人、患有大病人员、优抚对象的家庭户可以优先购买。

7.1.3　我国老年住房政策的不足

我国针对老年住房的政策与发达国家和地区相比仍有不小差距,存在不少问题。

首先,保障人群范围过窄。对保障对象“三无老人”的确定在中华人民共和国成立初期,当时国家一穷二白,百废待兴,经济能力有限。经过 60 多年的发展,国家在经济建设方面突飞猛进,人民生活水平日新月异,国家的保障能力与当时已不可同日而语,应逐步扩大受保障人群范围,将住房极端困难人群如前文分析中提到的存在三重住房困难老年人纳入保障范围。

其次,保障性住房对老年人优先的优惠力度有限。就保障性住房而言,虽然提到老年人优先,但与老年人并列优先的还有其他多种类人群,在实际执行过程中究竟有多少老人家庭优先得到保障性住房目前还没有确切的统计数据。我国单位制的特色虽然是计划经济条件下的产物,但影响至今仍然存在,在这些写在纸面上的条款之外,各高校、各科研院所、各机关等单位并没有完全在市场上排队等候,而是提前拿到照顾的分配名额,社会上的优先排在这些单位职工之后,老年人家庭的优先分配优势并不显著。同时,这种将老年人与其他人群混合排队,仅有优先权的做法并不能保证老年人得到住房的比率,与美国、日本的做法不相同。在美国,得到政府资助的住宅小区中 20% ~40% 为保障性住房,其中 1/4 为老年人住宅(王承慧,2012),这样,保证了老年人的住房比例。日本的做法与美国类似,政府直接从公营住宅中拿出一部分提供给老年人家庭,或者采取优惠措施优先让老年人家庭入住。

最后,缺乏专门针对老年人住房的政策。我国迄今为止没有制定专门为老年人提供住房的政策,没有专门供老年人使用的政策性住房。新加坡的乐龄公寓专为老年人设计,供老年人使用;日本的"老人公共租赁住宅制度",专为老人提供商品房住宅,《老人居住法》确定为老人提供专用租赁住宅。这些政策值得我们借鉴。

7.2 老年住房建设的政策建议

我国政府对老年住房建设应高度重视,制定切实可行的关爱老人的住房建设政策并组织实施。

7.2.1 加大老年住房相关法律规范建设

党的十八届四中全会把"法治中国"提升到前所未有的高度,立法是依法治国的重要内容。国家历来对老年住房建设的立法工作比较重视,先后出台了一系列法律法规及标准规定,主要有《养老机构管理办法》(中华人民共和国民政部令第 49 号)、《养老机构设立许可办法》(中华人民共和国民政部第 48 号,2019 年 5 月废止)、《住房城乡建设部等部门关于加强养老服务设施规划建设工作的通知》(建标〔2014〕23 号)、《2001 年老年人社会福利机构基本规范》(M2008—2001)、《老年人居住建筑设计规范》(GB 50340—2016)、《老年人建筑设计规范》(JGJ 122—99,2016 年废止)、《老年人居住建筑设计标准》(GB/T50340—2003,2016 年废止)等。有些法律法规虽非专门规范老年住房,但在其条文或文件中涉及对老年住房的规定,如《中华人民共和国老年人权益保障法》第十六条规定:赡养人应当妥善安排老年人的住房,不得强迫老年人居住或者迁居条件低劣的房屋。老年人自有的或者承租的住房,子女或者其他亲属不得侵占,不得擅自改变产权关系或者租赁关系。老年人自有的住房,赡养人有维修的义务。《国务院关于印发中国老龄事业发展“十二五”规划的通知》(国发〔2011〕28 号)提出:改善老年人居住条件,引导开发老年宜居住宅和代际亲情住宅,鼓励家庭成员与老年人共同生活或就近居住。推动和扶持老年人家庭无障碍改造。这些法律法规或文件对老年住房的建设、养老机构的管理、老年人建筑标准的规范发挥着积极作用。但是,随着社会的发展,老年住房建设中出现一些新问题、新现象,需要加强立法以填补空白,有些法律在总原则的基础上需要进一步出台细则。

7.2.1.1 对普通住房通用设计的规范

普通住房通用设计在老年人住房建设中占据十分重要地位,应当以法律的形式予以保证。对开发商来讲通用设计意味着成本的增加、利润的减少,如果没有法律的强制执行,这一原则不可能得到很好的贯彻。

7.2.1.2 对养老机构的规范

国家养老机构相关的法律规范偏重于对机构的约束,对老年人约束规范相对较少,如果机构与老人之间发生纠纷,缺乏相关法律依据,机构与老人均不知如何解决。比如,最常见的老人欠费问题,调查中曾有这样的个案:一个已入住老人欠费,机构找到其儿子,但发现其家里一贫如洗,儿子也表示,一旦有钱,一定将欠费补上,但机构如果强行将老人推出,有悖道德,如果留下,机构将持续亏本。另有一个案例:老人精神轻微障碍,但家人为了少交费用隐瞒实情,机构按完全自理老人管理,结果老人偷偷跑出去后迷路,最终酿成死亡悲剧,对这类事件如何解决没有法律依据。因此,在立法时也应考虑对养老机构的保护。

7.2.1.3　对养老地产的规范

随着养老地产的发展，急需出台相关法律法规，规范利益相关方的行为。比如，养老地产中的押金问题，在养老地产开发中，对于老年家庭住宅这一形式，开发商一般通过出售住房获得资金回收，对于老年公寓，目前普遍的做法是会员制或押金制，虽然名目各不相同，但实质无异，即需要交纳几十万元甚至上百万元押金，在老人离开时退回。这种公寓一般没有产权，老人购买的主要是服务，但这种形式背后隐藏着巨大的风险，一旦开发商资金链断裂，那么，已交押金能否退回，或者已承诺服务能否持续是个重大问题。

7.2.2　加大对老年住房建设的支持力度

老年住房的发展仅靠市场运作远远不够，没有政府全面支持的老年住房建设难以为继。

首先，在征地过程中，政府应优先老年住房开发用地。面向中青年人的地产项目开发已经具有一定规模，目前急需建设的是老年住房项目，老年住房解决得好，社会才能更加安定，更加和谐，子女才能更加安心地工作、生活。未来“50后”“60后”老人将不再满足于仅有一席安身之地，他们将更加注重追求生活质量，追求生活品位，渴望住进各方面更有保障、服务更到位的老年住房中，市场需求量将成倍增加。可喜的是，自2013年起，养老设施用地已纳入北京市年度国有建设用地供应计划中，北京市2013年国有建设用地供应计划用途结构表中，部分作为养老用地已经落实。这种通过土地划拨方式的供应对养老地产的发展起到巨大的推进作用，期待国家在更大范围推进。

目前已开发的老年住房项目在取得土地上大都得到了地方政府支持，否则将难以完成。北京太阳城的模式不可复制的一个重要原因是很难再次在北京周边得到如此大面积的土地供应。上海亲和源的土地是康桥镇政府入股投资按工业用地划拨,土地开发成本远远低于普通商品住宅。广州颐年园在建设初期得到了广州市政府划拨的33.33公顷(500亩)土地和1 400万元资金支持,这些项目能够顺利面市与政府的支持密切相关,但这些支持并不具有普遍性,仅仅是地方政府对单个项目的支持行为。

其次,在老年住房建设过程中,政府应给予适当的政策优惠与税费减免。政府在征地价格上应予以适当优惠,在各种税费征收方面应予以适当减免。

在老年住房的管理和服务中应给予一定的费用减免,如水电费、老年餐厅的营业税、老年服务过程中产生的其他税费。对老年房地产而言,开发建设等硬件设施固然重要,但更核心的是老年住房内的软件——服务项目,未来老年房地产市场真正的竞争力体现在服务项目上。政府给予必要的费用减免有利于保证服务项目的质高价优。

最后,国家开发银行等国有政策性银行对老年住房项目在融资方面可以提供帮助。我国融资渠道相对单一,融资困难是企业面临的现实问题,老年住房开发本身比普通住房成本高,融资的困难更为突出,国家可以通过政策性银行或国有银行对老年房地产项目给予照顾,解决资金问题,使老年住房项目得以顺利快速建设。另外,在融资渠道上大胆创新,可以借鉴BOT模式(Build - Operate - Transer,建设—经营—转让),这种模式是民营资本参与设施建设,向社会提供公共服务的一种方式。政府对养老项目立项,向私营企业出让投资、融资、建设特许权及经营权并签订协议,企业则利用其特许权进行经营,用其收入所得收回投资及偿还债务取得利润,合同期满政府无偿收回养老地产项目(张敬岳,2013)。这种方式因有政府的支持,减少了开发商的风险,企业利用自己的经营权赚取利润,政府则解决了资金问题。

我国政府已确定在政策上对老年产业予以扶持,在《关于加快发展养老服务业的意见》中明确指出,要在养老服务事业和产业投资、融资、用地、津补贴、税收减免等方面出台一系列政策,扶持养老产业发展。但各地具体优惠措施的出台仍需时日。

7.2.3 加强对老年住房建设的监管

政府的重要职能之一就是监管,要保证老年住房建设的健康有序发展,政府的监管至关重要。特别是市场主体大规模介入的项目,如对养老地产这一新兴事物要认真研究。一方面,要求开发商严格执行相关建筑设计标准,达不到标准的不能面市,对老年社区、老年住宅的名称予以限制,不能随意使用,对有些以开发老年房地产为噱头圈地卖地、挂羊头卖狗肉的行为更要严惩不贷。另一方面,法律应规范养老地产的服务,使其承诺的服务具有可持续性。对开发商承诺的服务项目或硬件设施不兑现的,要加强管理,设立投诉通道。养老地产不同于普通住房,普通住房验收合格即可,后续服务移交物业公司管理,业主可以通过物业费的交纳、业主委员会等维护自己的权益。而养老地产开发中住房仅是一部分,大部分老人购买的是住房加服务,服务是养老地产中的重要部分。

7.2.4 扩大保障范围,建立多层次、多元化老年住房保障体系

从前文分析中知道,我国仍存在大量住房困难老人,他们人均住房面积小于8平方米或者室内无自来水或者室内无厕所,住房极为困难,设施不完善,不能满足基本生活需要,给老年人的生活带来极大困难。住房困难老人占全部被调查老人的20%,其中存在一重困难的占16.3%,存在二重困难的占3.5%,存在三重困难的占0.2%。对老年人的住房保障,应随着社会的发展与时俱进,将其范围扩大,笔者认为,对于住房极端困难老人应纳入福利性养老机构,由政府负担其费用。或者甚至可以将保障范围扩大到依靠政府最低生活费生活的低收入老人。现有公办社会福利机构在

20 世纪 70 年代末因经营资金不足将收住人群通过收费的方式扩大到非保障人群，对当时缓解资金紧张，促进机构发展起到积极作用，但现在国力、财力已明显增强，公办养老机构应该回归其保障性的本位，目前公立机构对入住人群缺乏限制，老人在对公立和私立进行对比后自然蜂拥而至公立机构，多地报道公立机构一床难求的现象并不正常，这正是公立养老机构定位不清晰的结果。对于未纳入保障范围的低收入老人，国家可以设立低收费养老机构，也可以通过非营利性养老机构解决，由老人支付低廉的费用，不足部分由国家或者地方财政承担，对于中高收入老人则可以在市场上选择条件更好的养老机构或者养老公寓，满足自己的需求。这样极端困难老人入住公立养老机构，低收入老人入住公办福利机构或非营利性养老机构，由政府给予大量补贴，中高收入老人通过市场解决，国家依据保障档次不同、补贴不同，逐步建立起满足不同经济条件老人需求的多层次养老机构。

除养老机构外，还应建立起保障性老年人专用住房，如建设老年人的公租房或者在普通公租房内设置若干比例住房分配给老年人。保障范围以低收入老年人群为主，优先供应高龄低收入老人、失去子女的计划生育户老人，老年人以较低租金获得公租房。在建设老年人专用住房时可将老年人的服务机构一并统筹考虑，具体做法可借鉴国外的成功经验。

政府还可建设保障性质的老年社区，设施档次应大大低于养老地产开发的老年社区，但能够提供医疗服务、集中餐饮、付费保洁等基本养老服务，提供老年人活动场所。社区内有居家养老住房、自理型老年公寓、介助介护型老年公寓，此类老年社区有别于养老地产开发的老年社区，具有保障性质，供低收入老人使用。如位于北京昌平区北七家公立老年社区，占地 54.2 公顷(813 亩)，建筑面积 25 万平方米，可接纳 6 000 名老人，集公寓、介助介护用房、普通家庭住房于一体。在带有保障性质的老年社区建设上起到示范性、引导性、规模性的效应。

综上,应建立由国家完全负担的以“三无”人员、住房极端困难人员、低保人员为保障对象的社会福利院,建立以低收入人群为保障对象的低收费公立养老机构、老年人公租房或者补贴租房,建立带有保障性质的老年社区,形成多层次、多元化的老年人住房保障体系。

7.2.5 做好宏观控制

对于主要依赖市场建设的私立养老机构和老年社区,政府要做好宏观把控。市场具有盲目性,企业在发展过程中缺乏全局观念。政府一方面要做好总量的核算与把控,既要避免过度也要避免不足。另一方面,做好老年住房高、中、低层次的合理布局,在审批项目时有意识地引导企业发展市场薄弱部分,以达到科学、合理、适合市场行情的层次结构,适合中国国情,适合当地地情。这样,可以合理保护投资企业避免盲目建设而亏损,对于已达到指标总量的要严格限制,如北京昌平区的养老机构总量已超过规划的床位指标,政府严格限制新建养老机构,对于不足的,引导、鼓励企业发展。笔者认为养老地产领域的老年社区和老年公寓存在盲目建设现象,众多养老地产项目共同竞争为数不多的富裕老人,必然造成有些企业在竞争中败下阵来,出现亏损的局面。

老龄化的日益严重,老年人群的骤然增多,使房地产商看到了老年房地产的巨大商机。政府要发挥宏观调控职能,既要鼓励老年房地产的开发与发展,又要防止过度开发,为此,各级政府应从项目的审批上加以控制,以达到结构平衡。以盈利为目的的高端商业性质的房地产要适度发展,不宜过多。高收入、高层次老年人群毕竟有限,如果过多,必然造成积压、闲置,影响这一行业的整体发展。大力发展中等档次老年房地产,虽然在产品质量上、运营服务上不及高端项目,但在价格上有所降低,使中等收入老年人能够买得起、住得起,更大范围地满足老年人的需要。对于低端老年群体,适度建设部分面积较小、功能齐全,能够满足基本生活与养老需求的低档次老年住房。目前开发的老年社区楼盘主要以高档为主，而中档和低档较少见，国家应控制好各类老年社区的比例，最大限度地满足不同层次老年人需求。

7.2.6　做好市场调查，制定老年住房政策

科学的决策建立在缜密的研究之上。政府可以与高校或者科研机构展开合作，通过市场调查深入详细了解老年人的住房需求，有针对性地建设老年住房，设计出多样化的住房品种，满足老年人的各种需求。我国香港特别行政区老年人的租赁公房计划是香港政府于1996年委托香港大学在对老年人住房需求进行全面研究，充分了解香港未来老年人口的发展趋势，不同经济状况、不同年龄、不同健康状况者的住房需求，以及老年住房与老年服务如何结合的基础上制定的，符合香港港情，收到良好效果。

7.3　本章小结

政府在老年住房建设中处于不可替代的重要地位，发挥着主导作用，要建设好老年住房，离不开政府的支持。笔者主要从政府的角度通过政策制定和具体建设两个方面进行研究。

老年住房建设最顶层的设计莫过于政策层面，制定出切实可行的住房政策是建设好老年住房的重要内容和前提保障。国外一些发达国家和地区面对老龄化进程，逐步制定出各种政策并不断加以完善，文章梳理了美国、日本、新加坡的住房政策，认为大致分为两类。美国和日本以政府补贴、鼓励为导向，大力度引进市场机制，实现政府与市场的有效结合，其政策重心在于保障低收入人群。新加坡的老年住房政策则具有普惠性，政府在老年住房建设中发挥主体作用。他们的共同特点是政策比较完善，保障

性强，并随着社会发展而发展，将与老年住房紧密联系的老年服务纳入老年住房建设体系中来。与之相比，我国的老年住房政策比较薄弱，享受政府福利保障的人群范围过窄，仍在沿用中华人民共和国成立初期的“三无”人员标准，在保障性住房分配中对老年人优先的政策实际执行起来优惠力度有限，目前我国尚无专门针对老年人的住房优惠政策，与发达国家和地区相比存在不小差距。

除住房政策之外，还从政府的角度提出了老年住房建设的建议。

一是加大老年人住房建设相关立法力度。国家以普通住房建设为重点，对普通住房的终生设计方案应以法律形式强制执行，并加强监督，对养老地产等立法空白领域尽快立法，对养老机构的保护性条文应该增加。

二是加大对老年人住房建设的支持力度，增加老年住房的福利性，在投资、融资、用地、津补贴、税收减免等方面给予优惠，真正落实《关于加快发展养老服务业的意见》中的相关规定。

三是扩大老年人住房保障范围，建立多层次、多元化老年住房保障体系。应在现有社会福利保障人群基础上，将保障范围扩大至住房极端困难老人甚至低收入老人，政府以免费的形式或者极低的费用允许这些老人入住。建立一批低收费养老机构，将低收入老年人纳入保障范围。建立以低收入老年人为保障对象的居家养老性质的老年人保障住房，如公租房等。建立政府开发建设的带有保障性质的老年社区。

四是加强对老年人住房建设的监管。监管是政府的主要职责之一，老年人住房建设要健康有序发展，政府必须加强监管，对市场主体的营利性与非营利性养老机构、对养老地产开发中的质量标准与后续服务加强监管。

五是做好宏观控制。对于主要依赖市场建设的民营养老机构和养老地产项目，政府要做好总量和层次的把控，避免盲目竞争和过度建设。

六是做好市场调查，研究老年人住房需求，制定科学的老年住房政策。

政府可以通过与高校或者科研机构合作的形式,开展市场调查,深入详细了解老年人的住房需求和住房中存在的突出问题,有针对性地建设老年住房,设计出多样化的住房品种,满足老年人的不同需求。

第 8 章

主要结论与研究创新

老年住房对老年人生活质量与健康产生重大影响,建设好老年住房是惠及广大老年人的重要民生问题。本研究首先确定老年人家庭普通住房、养老机构、养老地产三种不同类型住房在未来建设中的关系,分清建设的重点与一般,主与次,在总体把握的基础上对三种类型老年住房分别进行研究,最后,结合国内外老年住房政策,从政府角度就老年住房整体提出建议。

8.1 主要结论

研究采用定量与定性相结合的方法,利用 2000 年、2010 年第五次、第六次全国人口普查数据,2006 年、2010 年全国城乡老年人口状况追踪调查数据,中国老年健康影响因素跟踪调查(CLHLS)调查数据,统计年鉴数据等进行定量分析;通过个人访谈、实地考察、文献研究等方法进行定性研究,得到以下结论。

8.1.1　确定了三种老年住房在未来建设中的关系

认为未来老年住房建设应以老年人普通住房建设为重点，以养老机构建设为补充，以养老地产建设为生长点。老年人普通住房、养老机构、养老地产共同构成老年住房体系，三者在老年住房建设中的地位与作用不同。首先，通过对与住房相关的养老方式或者说居住需求的意愿及实际研究，通过养老机构与居家老人生活质量对比，认为居家养老是老年人最希望的养老模式，居家养老仍将是我国城市老年人最主要的养老模式，因此住房建设的目标应该使老年人更长时间地留在家中。老年住房建设的重点是普通住房，将普通住房建设好，适合老年人居住，实现居家养老的愿望，减缓养老机构建设的压力。其次，我国大规模“四二一”家庭结构的现实削弱了家庭养老能力，未来势必造成大量老人通过机构养老，养老机构建设将成为老年住房建设的重要补充。最后，养老地产在我国尚属新生事物，需要政府培育与扶持，在整个老年住房建设体系中处于新的生长点的地位。

8.1.2　老年人住房总体较差

2000 年时，老年人住房整体处于较差水平，高龄老人最差，经过 10 年变化，2010 年时老年人住房弱势的状况依然存在。老年人住房建成年代久远，与此相关，住房成套率低，设施不完善，墙体材料差，建筑质量不高并且老旧住房各部分功能分割不清，设计落后。老年人在住房上属于弱势群体，这一结果否定了人们长期以来普遍认为老年人住房较好的印象。

8.1.3　老年人住房状况较差主要由于历史原因造成

老年人工作的历史时期国家执行“重积累、轻消费”的分配政策，住房条件较差、消费资料短缺、收入水平较低，改革开放之后，住房条件有了较大改善，但当时主要解决“住得下”的矛盾，住房建设偏重基本生活资料属

性，享受与发展属性不足，面积较小、功能分割不清、设计落后是主要特点。1998 年停止实物福利分房后，住房的改善需要使用货币通过市场解决，老年人年轻时工资低，积蓄少，无支付能力，加上商品房购买时对老人不提供按揭，使老年人住房的改善受到限制，老年人生命历程的影响是根本原因。另外，从家庭层面看，财富流流向下一代，孩子的抚养、教育、结婚相对更加重要，抑制了老人住房条件的改善。

8.1.4 存在较高比例的住房困难人群

住房人均建筑面积在 8 平方米以下或者无自来水或者无室内厕所的老人占 20%，其中存在一重困难的占 16.3%，二重困难的占 3.5%，三重困难的占 0.2%，面积狭小与无室内厕所并存的占 2%。老年人住房困难突出表现在无室内厕所，这与老年人居住在平房中的比例较高有关。住房困难人群呈现高龄、低职称、低受教育程度、离退休前工作单位为非体制内单位的特征。大量老年住房困难人群的存在不利于社会和谐与稳定。

8.1.5 老年人住房适老性差

无单独居室的达 7.4%，达不到“人均一间”的小康水平。另外，居住在四层以上无电梯楼房中的比重占 24.45%，而老年人中上下楼有困难的占 24.35%，因楼梯问题会造成 6%（600 多万）的老人困于家中，无法实现自由出行，隔断了与社会的正常人际交往，生活质量严重下降。另有潮湿、漏水等问题对老年人身体健康造成威胁，缺少紧急呼叫系统、必要的扶手等，不能为老年人提供必要的支持和帮助。

8.1.6 未来对养老机构的需求量将持续快速增长

入住养老机构的人群呈现特定的人口学特征，包括高龄、男性、无偶、空巢、独生子女父母、自理状况差、住房条件不富裕、经济状况中等、享受离退休金等，低龄、女性老人表现出较高的入住意愿。动态分析表明，女性老人、非自理老人、自费老人实际入住率逐年攀升。结合未来我国老年人口的结构特点，即高龄化、空巢化、独生子女家庭化以及与高龄化相伴的高丧偶率、高失能率等。笔者认为未来我国老年人对养老机构的需求将持续快速增长，同时收入的提高、经济条件的改善，对入住率将会产生助推作用。但还应看到，家庭住房条件的改善，社区养老服务的不断完善对入住率特点产生较大抑制作用，因此，未来对养老机构的需求量将持续快速增长。这种增长的趋势不会出现井喷式增长，也不会永久持续下去，随着人口结构剧烈变动引起的效应释放完毕，入住率将趋于稳定。

8.1.7　对未来养老机构需求量进行测算

分别采用分阶段增长率法、固定入住率法、联合国模型法三种方法测算未来养老机构的入住率，估算未来入住养老机构的人数、所需养老机构数量及养老机构的面积。

8.1.8　养老机构建设的重点在于结构调整

我国养老机构的床位数已远远超过入住人数，按年末人数计算的空置率达36%，按总人天数计算的空置率达到一半以上，床位数出现严重总量过剩。欧美国家入住率通常在5%，床位数为6%，空置率一般在20%左右。因此，我国养老机构数量已经远远超出需求，不应再把数量建设作为重点，盲目追求数量的增长，大跃进式的建设不可取。应该更加关注质量建设，调整结构，紧贴市场，满足老年人需求。

8.1.9　我国老年住房政策偏弱

国外一些发达国家和地区面对老龄化进程，逐步制定各种政策并不断加以完善，无论是美国和日本的以政府补贴、鼓励为导向，大力度引进市场

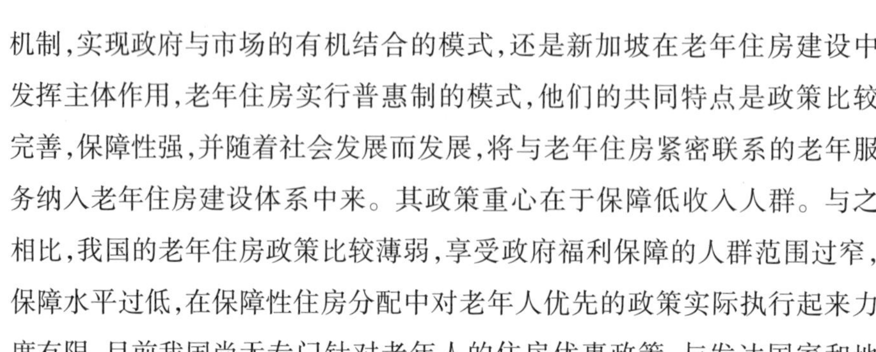

机制，实现政府与市场的有机结合的模式，还是新加坡在老年住房建设中发挥主体作用，老年住房实行普惠制的模式，他们的共同特点是政策比较完善，保障性强，并随着社会发展而发展，将与老年住房紧密联系的老年服务纳入老年住房建设体系中来。其政策重心在于保障低收入人群。与之相比，我国的老年住房政策比较薄弱，享受政府福利保障的人群范围过窄，保障水平过低，在保障性住房分配中对老年人优先的政策实际执行起来力度有限，目前我国尚无专门针对老年人的住房优惠政策，与发达国家和地区相比存在不小差距。

8.2 主要建议

8.2.1 确定老年住房建设的重点

在三种老年住房中，普通住房应成为老年住房建设的重点，牢牢抓住普通住房建设这个重点不动摇。老年人普通住房建设得好，老年人可以减少风险的发生，可以提高生活质量，可以更长久地居住在自己熟悉的环境中，更多地享受家庭的温馨。

在现实中应避免两个问题：一是避免对老年人普通住房重视不够，将本该重点建设的普通住房放在次要位置，缺乏对老年普通住房的必要投资；二是避免养老机构的过度建设，防止养老机构建设一哄而上，防止为指标盲目大批量建设。

建设好普通住房应做好两个方面工作：一是新建普通住房，二是已有普通住房。新建普通住房可以考虑推行长寿型住宅设计标准，美国、日本的做法值得我们借鉴。做好长寿型住宅设计，有利于现在的购房者进入老年期时降低住房改造的难度，节约资金。新建住房还应做好质量建设，建设时应提高质量，适度超前，设计科学，延长住房的使用期限。已有住房的改造则要加强适老性改造。

8.2.2　正确认识老年住房的现状，高度重视老年住房的建设

对老年人的住房状况要有清晰认识，明白老年人住房上弱势的地位。我国政府对老年住房的政策支持目前仅限于保障性住房中老年人优先，养老机构中的床位补贴及运营中的部分税费减免等，大规模的老年住房项目计划暂时还未提上议事日程。

8.2.3　加大对老年住房建设的支持力度

老年住房的发展仅靠市场运作远远不够，没有政府全面支持的老年住房建设难以为继，需要国家在住房建设时予以支持，真正落实《关于加快发展养老服务业的意见》中的相关规定。

8.2.4　扩大老年住房保障范围，建立多层次、多元化老年住房保障体系

要建设以低收入老人为保障对象的老年福利院、老年公租房、老年社区等多元化、多层次老年住房保障体系，重点解决住房困难老人与低收入老人的住房问题。

8.2.5　加强老年住房的适老性改造

建设好老年人普通住房，加强住房适老性改造是其重要内容，国家及地方政府应设立专项资金予以支持，具体流程可参考国外先进的做法，老年人根据自身需要提出申请，获得批准后进行施工，完工后凭消费单据进行报销。北京市残疾人家庭设施安装的办法也可以借鉴。加装电梯对于行动不便老人具有重大意义，国家可以动用老人购买福利房时的购房基金，也可以向社会筹资，获得社会捐赠。安装紧急呼叫系统对应对突发事

件，保护老年人的生命具有积极意义，相对于加装电梯，这一工程所需资金少，难度小，应积极推广。

8.2.6 有序适度开展养老机构的建设

未来入住养老机构老人将快速增长，各级政府需要做好充分的思想准备，并积极应对，鼓励养老机构的科学适度发展。

8.2.7 做好养老机构的质量建设，解决高空置率的问题

随着城市养老机构的快速扩张，床位空置率逐年提高，数量过剩问题愈演愈烈。政府应该将建设重点由数量增长转向质量提高和结构调整。可以考虑改现在“补床头”为“补人头”，让入住老人自己选择养老机构，国家将补贴发放给老人，更有利于市场优胜劣汰。将层次过低的公办养老机构取消或升级，建设大多数老人消费得起的中档养老机构，建设少量高档养老机构。

8.2.8 强化老年住房政策

加强老年住房政策支持，做好市场调查与分析，研究老年人住房需求，制定出科学的老年住房政策。

8.3 创新与不足

8.3.1 创新之处

本研究将老年人普通住房、养老机构、养老地产统一纳入老年住房建设体系中，作为一个整体进行研究，提出以普通住房建设为重点，以养老机构建设为补充，以养老地产建设为生长点的老年住房建设体系，对三种形

式的老年住房之间相互关系进行分析，并从总体上对老年住房建设提出建议。弥补了以往仅研究老年住房的某种单一形式，缺乏总体性、系统性的不足。

对未来养老机构的数量需求进行了测算，采取固定入住比率、多阶段入住比率、联合国模型三种方法对未来入住机构的老年人数量、养老机构数量及养老机构住房建筑面积进行了预测，并计算缺口，为未来养老机构的建设提供了数量参考。

在研究方法上进行创新。在老年住房的比较上采取综合指数的方法，以整套住房作为维度进行综合比较，改变了以往研究中仅从住房单一方面，如产权、建筑面积等进行研究的做法，增强了研究方法的综合性。

通过与其他人群对比的方法得出老年人住房总体较差，老年人在住房上处于弱势的结论，否定了人们普遍认为老年人住房状况较好的印象。

8.3.2　研究不足

老年人住房综合指数的构建不可避免地受主观因素的影响，其科学性值得推敲，目前尚属探索阶段。

由于数据限制，未能使用2010 年第六次全国人口普查原始数据进行相关研究，略感不足。

参考文献

一、中文文献

[1]艾丽．对我国机构养老模式的思考[J]．人民论坛，2013（11）：154－155.

[2]班晓娜，李东阳．美国住房反向抵押贷款养老模式及其启示[J]．北京航空航天大学学报（社会科学版），2015（1）：17－23.

[3]包宗华．构建老年住宅政策体系的探讨[J]．上海房地，2008（9）：20－21.

[4]蔡林．中国老年人口住房状况[G]//中国人口老龄化：变化与挑战．北京：中国人口出版社，2006.

[5]蔡吉梅，马佳，张忆雄，等．不同养老模式下老年人生活质量现状及影响因素[J]．中国老年学杂志，2014（21）：6157－6159.

[6]陈昊，李振宇．欧洲老年住宅浅析[J]．城市建筑，2011（1）：33－36.

[7]陈金保，师春芳．美国和日本的养老地产经验[J]．金融博览（财富），2012（12）：54－55.

[8]陈首春．理想养老模式：就地养老、居家养老[J]．农村工作通讯，2013

(11):35.

[9]陈玉. 西方国家老年住房和社区规划建设经验与启示[J]. 规划师, 2013(10):33-36.

[10]陈志刚. 新加坡组屋与中央公积金政策分析[J]. 国土资源情报,2014(1):2-11.

[11]程望杰,潘宜. 美国老年住宅发展经验研究及借鉴[J]. 城市建筑, 2011(1):37-39.

[12]初永华,郝晓艳,李路,等. 养老院老年人生活能力状况及养老模式探讨[J]. 中华全科医学,2012(11):1772-1773.

[13]丁旭辰. 美国、日本老年住宅供给模式及对我国的启示[J]. 调研世界,2014(9):61-64.

[14]董昕,李晶源. 中国老年公寓的特色之路[J]. 中国市场,2011(52).

[15]杜娟,陈茗. 老年住宅逆抵押贷款的市场前景分析[J]. 人口研究, 2003(6):44-47.

[16]杜鹏,王红丽. 老年人日常照料角色介入的差序格局研究[J]. 人口与发展,2014(5):85-92.

[17]洲联集团. 对日本养老地产经验的借鉴[J]. 城市住宅,2014(6): 61-63.

[18]樊融杰,孟德阳,朱玥. 养老地产九成亏损[J]. 英才,2013(5): 74-76.

[19]方黎明. 养老地产,摸着石头过河[J]. 中国地产市场,2012(12): 14-15.

[20]方伶俐,杨娥. 我国养老机构发展现状与对策研究[J]. 学理论,2014(13):101-103.

[21]冯爱国. 分羹养老地产[J]. 中国地产市场,2012(8):73-75.

[22]冯锦彩,张琳,段军. 加快我国养老机构发展的几点建议[J]. 现代商

业,2013(29):282.

[23]冯占联,詹合英,关信平,等. 中国城市养老机构的兴起:发展与公平问题[J]. 人口与发展,2012(6):16 -23.

[24]付欣.我国机构养老的现状、原因与对策分析[J].理论前沿,2011(9):302 -303.

[25]高晓路,颜秉秋,季珏. 北京城市居民的养老模式选择及其合理性分析[J]. 地理科学进展,2012(10):1274 -1281.

[26]顾大男,柳玉芝. 我国机构养老老人与居家养老老人健康状况和死亡风险比较研究[J]. 人口研究,2006(5):49 -56.

[27]桂莹,邹焰,张忆雄,等. 遵义市不同养老模式下老年人生活质量调查分析[J]. 中华医学图书情报杂志,2012(12):1 -3.

[28]郭平,陈刚.2006 年中国城乡老年人口状况追踪调查数据分析[M]. 北京:中国社会出版社,2009.

[29]郭平,孙陆军. 老年人居住安排[M]. 北京:中国社会出版社,2009.

[30]郭志刚,刘金塘,宋健. 现行生育政策与未来家庭结构[J]. 中国人口科学,2002(1):1 -11.

[31]何俐,柳璐,牛琳,等. 郑州市不同养老模式老年人生活质量现状分析[J]. 河南医学研究,2011(2):222 -225,228.

[32]胡莎莎. 中国养老地产现状及前景研究[J]. 城市住宅,2014(6):58 -60.

[33]胡挺. 解构泰康人寿养老地产商业模式[J]. 城市开发,2014(4):64 -65.

[34]黄惠春,赵慧,褚保金.“倒按揭”养老模式在中国发展的困境探析——基于市场需求主体的角度[J]. 金融纵横,2011(7):21 -24.

[35]纪晓岚,季正琦. 我国养老地产发展模式探索——基于上海与杭州的个案比较[J]. 中国经贸导刊,2012(32):8 -11.

[36]贾如. 中国老年住宅产业的发展前景及展望[J]. 中南林业科技大学学报(社会科学版),2013(2):83-86.

[37]姜平,汪伟. 美国养老地产模式及其对我国的借鉴[J]. 江西建材,2014(9):287.

[38]姜睿,苏舟. 中国养老地产发展模式与策略研究[J]. 现代经济探讨,2012(10):38-42.

[39]姜向群,丁志宏,秦艳艳. 影响我国养老机构发展的多因素分析[J]. 人口与经济,2011(4):58-63,69.

[40]开彦. 对发展老年住宅地产的认识[J]. 住宅科技,2011(4):1-3.

[41]李凤祥. 对推进老年公寓建设的现实思考[J]. 盐城师范学院学报(人文社会科学版),2011(3):24-27.

[42]李沛霖. 美国养老产业的发展及其对中国的启示[J]. 广东经济,2008(6):50-52.

[43]李文君. 城市老年人养老服务需求及洛阳市养老机构的分析[J]. 中国老年学杂志,2011(13):2541-2543.

[44]梁硕轩,任源. 从人口老龄化的需要来看我国养老机构的发展[J]. 现代交际,2012(4):23,22.

[45]梁文静,陈龙乾,赵宏. 推进老年住宅发展的政策建议[J]. 技术与市场,2007(12):41-43.

[46]梁文静,陈龙乾,周天建,等. 城市老年住宅需求调查分析——以徐州市为例[J]. 资源与人居环境,2008(6):69-72.

[47]刘本强. 我国养老机构供求状况分析[D]. 太原:山西财经大学,2010.

[48]刘东卫. 日本的公共住宅政策及住房保障制度[J]. 北京规划建设,2007(4):43-45.

[49]刘红. 中国机构养老需求与供给分析[J]. 人口与经济,2009(4):

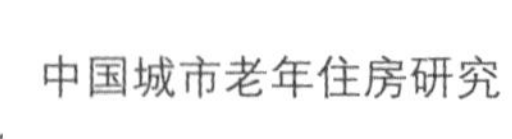

59 - 64,71.

[50]刘宏,高松,王俊. 养老模式对健康的影响[J]. 经济研究,2011(4): 80 - 93,106.

[51]刘惠敏,陈佳妮. 中国住房反向抵押贷款养老模式的路径选择[J]. 中国房地产,2011(6):67 - 73.

[52]刘美霞,娄乃琳,李俊峰. 老年住宅开发和经营模式[M]. 北京:中国建筑工业出版社,2008.

[53]刘美霞. 浅析老年公寓的投资和开发[J]. 城市建筑,2011(1): 13 - 15.

[54]刘彤. 我国养老模式探析[J]. 经济研究导刊,2012(35):46 - 47.

[55]刘月. 国内外养老模式研究[J]. 现代商业,2014(5):279 - 281.

[56]路文娟. 我国居住建筑"适老化"问题研究[J]. 安徽建筑,2011(6): 26 - 27.

[57]罗福周,韩言虎. 我国养老地产发展研究[J]. 商业研究,2012(10): 138 - 142.

[58]罗莉,王亚萍,徐洋. 以房养老模式在我国的可行性分析——基于武汉市城市居民以房养老状况的思考[J]. 改革与战略,2012(2): 116 - 117.

[59]马凤芝. 世界老龄化国家和地区养老机构规划的经验——以英国、日本和我国香港地区为例[J]. 社会工作,2013(5):31 - 41,151 - 152.

[60]马天芳. 人口老龄化与城市老年住宅市场需求分析[J]. 经济论坛,2014(6):110 - 113.

[61]马智利,王熊. REITS 在我国养老地产建设中的运作模式研究[J]. 武汉金融,2013(9):34 - 36,8.

[62]潘彤. 老年住宅的市场需求与供给策略——以广州为例[J]. 江苏科技大学学报(社会科学版),2014(2):94 - 102.

[63]钱瑛瑛．英国解决老年住房问题的启示[J]．上海房地,2007(3):60-62.

[64]裘旭波．中国养老地产存在的问题及突破途径——中美养老地产对比分析[J]．中国房地产,2013(9):61-62.

[65]全进．关注老年住房反向抵押贷款——美、加、澳反向抵押贷款介绍[J]．上海房地,2006(8):46-49.

[66]史薇．荷兰老龄政策的经验与启示[J]．老龄科学研究,2014(4):70-80.

[67]孙炳耀,常宗虎．中国社会福利概论[M]．北京:中国社会出版社,2003.

[68]孙桂琴,孙桂荣,田影．从行为心理之观点探讨老年住宅的无障碍设计[J]．山西建筑,2009(3):76-77.

[69]孙建萍,周雪,杨支兰,申华平．国内外机构养老模式现状[J]．中国老年学杂志,2011(7):1264-1266.

[70]孙熠,应丹丹,姜丽萍．国外主要养老模式介绍[J]．中国护理管理,2013(3):97-99.

[71]台恩普．老年住宅建设的对策和建议[J]．城市住宅,2008(7):79.

[72]田香兰．日本老年住宅保障政策探析[J]．社科纵横,2014(11):56-59.

[73]田雪原．21世纪中国发展:关注来自人口老龄化的影响[J]．学习论坛,2006(11).

[74]屠世超．论政府对民办养老机构的管理和扶持[J]．绍兴文理学院学报(哲学社会科学),2010(5):94-97.

[75]托马斯·林．中国急需发展养老地产[J]．中国经济报告,2013(11):26-27.

[76]万江,余涵,吴茵．国外养老模式比较研究——以美国、丹麦、日本为

例[J]. 南方建筑,2013(2):77－81.

[77]汪竹飞,唐晓莲. 国内外养老地产发展文献综述[J]. 改革与战略,2014(5):24－26,74.

[78]王彩霞. 亲和源高端养老真的有利可图[J]. 中国连锁,2012(6):50－53.

[79]王承慧. 美国社区养老模式的探索与启示[J]. 现代城市研究,2012(8):35－44.

[80]王黎,谢红. 北京市养老机构入住费用现况调查及影响因素研究[J]. 中国全科医学,2014(22):2630－2633.

[81]王瑶琪,班晓娜. 我国养老地产发展困境及对策[J]. 合作经济与科技,2014(18):6－7.

[82]温文彬. 关于我国养老地产模式的若干思考[J]. 商业文化(上半月),2012(3):169－170.

[83]建设部政策研究中心. 2000 年第五次人口普查住房状况分析报告[J]. 长江建设,2003(1):32－35.

[84]邬沧萍,杜鹏. 中国人口老龄化:变化与挑战[M]. 北京:中国人口出版社,2006.

[85]吴璟,钟青静. 国内大型独立老年社区的建设现状分析和思考[J]. 华中建筑,2014(5):160－164.

[86]吴玉韶,郭平. 2010 中国城乡老年人口状况追踪调查数据分析[M]. 北京:中国社会出版社,2014.

[87]邢华燕,柳璐,张遂柱,鲁晓娟. 郑州市不同养老模式老年人生存质量及影响因素[J]. 中国公共卫生,2013(1):15－18.

[88]邢华燕,孟令杰,鲁晓娟,等. 郑州市不同养老模式老年人的生活质量及影响因素[J]. 老年学杂志,2011(2).

[89]徐波,丛晓娜,唐万琴,等. 南京市养老机构老年人生活质量的影响因

素[J]. 中国老年学杂志,2010(8):1121 -1123.

[90]徐勇刚. 适老型住宅在中国发展的紧迫性和普适性[J]. 住宅产业,2011(11):20 -22.

[91]许天添. 上海市旧住房(小区)适老性改造技术的研究[J]. 住宅科技,2013(1):51 -56.

[92]闫克锋,彭亚. 人口老龄化与老年住房需求[J]. 经济研究导刊,2011(33):146.

[93]闫青春. 养老机构的"公办民营"与"公建民营"[J]. 社会福利,2011(1):13 -15.

[94]杨红旭. 国外老年住宅发展模式与经验[J]. 中国房地产业,2012(6):30 -35.

[95]杨扬. 试论人口老龄化背景下的我国老年住房政策[J]. 法制与社会,2009(29):280 -281.

[96]叶奕. 养老地产发展形势分析[J]. 科技智囊,2014(12):46 -49.

[97]银浩. 中日老年住宅发展及设计[J]. 住区,2012(5):106 -111.

[98]余南平. 世界住房模式比较研究——以欧美亚为例[M]. 上海:上海人民出版社,2011.

[99]张斌斌. 浅谈我国养老地产的发展前景[J]. 现代物业(中旬刊),2014(Z1):120 -121.

[100]张恺悌,郭平. 中国人口老龄化与老年人状况蓝皮书[M]. 北京:中国社会出版社,2010.

[101]张琪. 养老机构的市场供需分析——以苏州市为例[J]. 经济视角(上),2013(7):7 -9,74.

[102]张天宇. 从日本老年住宅的发展看如何建立我国老年居住体系[J]. 工业建筑,2011(S1):58 -61.

[103]张翔,林腾. 补"砖头"、补"床头"还是补"人头"——基于浙江省某

县养老机构的个案调查[J]. 社会保障研究,2012(4):39 -48.

[104]张玉玲."以房养老":探寻中国养老模式的蓝海[J]. 决策探索(下半月),2014(7):4 -10.

[105]章晓懿,杨培源. 城市居家养老评估指标体系的探索[M]. 上海:上海文艺出版总社,百家出版社,2007.

[106]赵继舜. 中国老年住宅的市场需求与开发研究[D]. 北京:对外经济贸易大学,2007.

[107]赵晓. 养老地产需厘清的五个问题[J]. 城市开发,2013(4):62 -63.

[108]赵阳. 我国老年住宅开发存在的问题及建议[J]. 建筑经济,2008(2):88 -90.

[109]中川真. 长者住宅所需要的设计[J]. 中国住宅设施,2014(3):80 -82.

[110]周春发,朱海龙. 老年人住房政策:国际经验与中国选择[J]. 人口与经济,2008(2):45 -49.

[111]周建国. 市场化养老模式研究——上海市亲和源老年社区个案及启示[J]. 人口学刊,2010(2):43 -49.

[112]周俊山,尹银. 老龄化社会的日本老年住宅发展及借鉴[J]. 日本问题研究,2008(3):60 -64.

[113]周俊山. 中国城市老有所居研究[D]. 北京:中国人民大学社会与人口学院,2010.

[114]周燕珉. 养老地产的15种模式[J]. 房地产导刊,2013(Z1):120 -121.

[115]周宇. 养老机构发展呼唤创新——基于北京市海淀区养老机构的调研[J]. 技术经济与管理研究,2010(5):115 -118.

[116]周云,陈明灼. 我国养老机构的现状研究[J]. 人口学刊,2007(4):

19 -24.

[117]周云清. 中国城镇居民住房居住质量[M]. 北京:社会科学文献出版社,2008.

[118]朱菲. 北京养老地产现状调研报告[J]. 住宅产业,2013(12):22 -29.

[119]朱光. 国外养老地产发展对我国的启示[J]. 上海房地,2014(5):51 -53.

[120]朱文俊. 政府有担当养老地产才能真正发展[J]. 居业,2014(7):48 -49.

[121]朱征. 城镇"空巢老人"养老模式的比较分析[J]. 企业家天地(理论版),2011(5):83 -84.

[122]朱中一. 房地产业的转型与养老地产的发展[J]. 城市开发,2011(24):62 -67.

[123]邹广天. 日本老年公寓的规划与设计[J]. 世界建筑,1999(4):30 -33.

[124]邹益民,孔庆庆. 欧美国家老年公寓的成功经验对我国的启示[J]. 商业研究,2008(3):193 -196.

二、英文文献

[1]Aarsland D, Larsen J P, Tandberg E, et al. Predictors of nursing home placement in Parkinson's disease: a population - based, prospective study [J]. Journal of the American Geriatrics Society, 2000.

[2]Alan B de GuzmanB. Home Away from Home: Acclimatization of Filipino Elderly from being Home to a Sense of being "At Home" in an Elderly Institution[J]. Educational Gerontology. Nov2012, Vol. 38 Issue 11:799 -811.

[3]Alessi C A, Yoon E J, Schnelle J F, et al. A randomized trial of a combined physical activity and environmental intervention in nursing home resi-

dents: do sleep and agitation improve? [J]. Journal of the American Geriatrics Society, 1999, 47(7): 784 -791.

[4] Arto Saari, Hanna Tanskanen. Quality level assessment model for senior housing [J]. Property Management. 2011,291.

[5] Bako Zachariah Zinas, Mahmud Bin Mohd Jusan. Housing Choice and Preference: Theory and Measurement[J]. Procedia - Social and Behavioral Sciences 2012,49:282 -292.

[6] Brandeis G H, Morris J N, Nash D J, et al. The epidemiology and natural history of pressure ulcers in elderly nursing home residents[J]. Jama, 1990, 264(22): 2905 -2909.

[7] Charness N, Dijkstra K. Age, luminance, and print legibility in homes, offices, and public places[J]. Human Factors 1999,41:173 -193.

[8] Chase G A, Folstein M. Psychiatric symptoms and nursing home placement of patients with Alzheimer's disease[J]. Am J Psychiatry, 1990, 147(8): 1049 -1105.

[9] Cohen Mansfield J, Marx M S, Rosenthal A S. A description of agitation in a nursing home[J]. Journal of Gerontology, 1989, 44(3): M77 - M84.

[10] Colleen Maria Cartwright. Affordable Rental Housing for Older People in Australia What Do Older People Want? [M]. Healthy aging and longevity, Annals of the New York academy of science. 1114(2007):258 -266.

[11] Costa Font J. Housing assets and the socio - economic determinants of health and disability in old age[J], Health & Place 14 (2008) 478 -491.

[12] Cumming R G, Salkeld G, Thomas M, et al. Prospective study of the impact of fear of falling on activities of daily living, SF - 36 scores, and nursing home admission[J]. The Journals of Gerontology Series A: Biological Sciences and Medical Sciences, 2000, 55(5): M299 - M305.

[13] Eddie C M Hui, Francis K W Wong, K W Chung, et al, Housing affordability, preferences and expectations of elderly with government intervention[J]. Habitat International 2014,43 :11 -21.

[14] Ferrell B A, Ferrell B R, Osterweil D. Pain in the nursing home[J]. Journal of the American Geriatrics Society, 1990.

[15] Gabrel C S. Characteristics of elderly nursing home current residents and discharges: data from the 1997 National Nursing Home Survey[J]. Advance data, 2000 (312): 1 -15.

[16] Gillian S Windle, Vanessa Burholt, Rhiannon T Edwards. Housing related difficulties, housing tenure and health status: evidence from older people in Wales[J]. Health & Place 12 (2006): 267 -278.

[17] Gill Windle, Robert T Woods. Variations in subjective wellbeing: themediating role of a psychological resource[J], Ageing & Society 2004, 24: 583 -602.

[18] Guralnik J M, Simonsick E M, Ferrucci L, et al. A short physical performance battery assessing lower extremity function: association with self - reported disability and prediction of mortality and nursing home admission [J]. Journal of gerontology, 1994, 49(2): M85 - M94.

[19] Harrington C, Zimmerman D, Karon S L, et al. Nursing home staffing and its relationship to deficiencies[J]. The Journals of Gerontology Series B: Psychological Sciences and Social Sciences, 2000, 55(5): S278 - S287.

[20] Hawes C, Morris J N, Phillips C D, et al. Reliability estimates for the Minimum Data Set for nursing home resident assessment and care screening (MDS)[J]. The Gerontologist, 1995, 35(2): 172 - 178.

[21] J Lee, T W Auyeung, P H Chau, et al. Obesity can benefit survival - a 9 - year prospective study in 1614 Chinese nursing home residents[J].

Journal of the American Medical Directors Association, 2013.

[22] Janet Askham, Helen Nelson, Anthea Tinker, et al. To Have and to Hold: the Bond between Older People and the Homes They Own[J], Joseph Rowntree Foundation, 1999,57.

[23] John Percival. Domestic spaces and the daily lives of old people[J]. Ageing and Society 2002,22:729 -749.

[24] Jones A L, Dwyer L L, Bercovitz A R, et al. The National Nursing Home Survey: 2004 overview[J]. Vital and health statistics. Series 13, data from the national health survey, 2009 (167): 1 -155.

[25] Jones A. The National Nursing Home Survey: 1999 summary[J]. Vital and Health Statistics. Series 13, Data from the National Health Survey, 2002 (152): 1 -116.

[26] Julie Robison, Jean J Schensul, Emil Coman, et al. Mental health in senior housing: Racial/ethnic patterns and correlates of major depressive disorder[J]. Mental Health,2009,135.

[27] Kemper P, Murtaugh C M. Lifetime use of nursing home care[J]. New England Journal of Medicine, 1991, 324(9): 595 -600.

[28] Leung J, Lam D. Enforcing family care obligations for the elderly in China through mediation[J]. Asia Pacific Journal Of Social Work. MAR, 2000, 101:77 -89.

[29] Lori E. Weeks and Kristal LeBlanc, Housing Concerns of Vulnerable Older Canadians [J]. Canadian Journal on Aging. 2010,29 :333 -347.

[30] Magali González -Colaço Harmand, Céline Meillon, Laetitia Rullier, et al. Cognitive Decline After Entering a Nursing Home: A 22 -Year Follow -Up Study of Institutionalized and Noninstitutionalized Elderly People[J]. Journal of the American Medical Directors Association, 2014.

[31] Mendes A, et al. Indoor Air Quality and Thermal ComfortResults of a Pilot Study in Elderly Care Centers in Portugal[J], Journal Of Toxicology And Environmental Health – Part A – Current Issues,76,4 –5:333 –344

[32] Mittelman M S, Ferris S H, Shulman E, et al. A family intervention to delay nursing home placement of patients with Alzheimer disease: a randomized controlled trial[J]. Jama, 1996, 276(21): 1725 –1731.

[33] Mittelman M S, Haley W E, Clay O J, et al. Improving caregiver well – being delays nursing home placement of patients with Alzheimer disease [J]. Neurology, 2006, 67(9): 1592 –1599.

[34] Morley J E, Kraenzle D. Causes of weight loss in a community nursing home[J]. Journal of the American Geriatrics Society, 1994.

[35] Mulrow C D, Gerety M B, Kanten D, et al. A randomized trial of physical rehabilitation for very frail nursing home residents[J]. Jama, 1994, 271 (7): 519 –524.

[36] Nancy W Sheehan, Steven K Wisensale. "Aging in Place": Discharge Policies and Procedures Concerning Frailty Among Senior Housing Tenants [J]. Journal of Gerontological Social Work, 1991, 161 –162.

[37] Nancy W Sheehan. "Aging in Place" in Public Senior Housing[J]. Home Health Care Services Quarterly, 1987,82.

[38] Nygren, Carita, Oswald, et al. Relationships between objective and perceived housing in very old age. Gerontologist. 2007,47.

[39] Rebecca L H Chiu, Michael H C Ho. Estimation of elderly housing demand in an Asian city: Methodological issues and policy implications[J], Habitat International . 2006,30: 965 –980.

[40] Rioseco H Reinaldo, Quezada V Margaruta, Ducci V Maria Elena. Change in the social networks of older adults who beneficiaries of public

housing projicts in Chile [J]. Pan American journal of public health. 2008,23, 3:147 -53.

[41] Roger J Brown, Ying Zhang. Senior Housing [J]. Journal of Housing For the Elderly, 2006,201.

[42] Rubenstein L Z, Josephson K R, Robbins A S. Falls in the nursing home [J]. Annals of internal medicine, 1994, 121(6): 442 -451.

[43] Stewart R, Prince M, Harwood R, et al. Quality of accommodation and risk of depression in later life: an analysis of prospective data from the Gospel Oak Project [J]. International Journal of Geriatric Psychiatry, 2002, 17:1091 -1098.

[44] Stuck A E, Egger M, Hammer A, et al. Home visits to prevent nursing home admission and functional decline in elderly people: systematic review and meta - regression analysis [J]. Jama, 2002, 287(8): 1022 -1028.

[45] Sun Jung Kim, Eun - cheol Park, Sulgi Kim, et al. The Association Between Quality of Care and Quality of Life in Long - Stay Nursing Home Residents With Preserved Cognition [J]. Journal of the American Medical Directors Association, 2013.

[46] Tinetti M E, Williams C S. Falls, injuries due to falls, and the risk of admission to a nursing home [J]. New England journal of medicine, 1997, 337(18): 1279 -1284.

[47] Watanabe, Misuzu, et al. Incedence of disability in housebound elderly people living in a rural community [J]. Japanese journal of geriatrics, 42, 1:99 -105.

[48] Wolinsky F D, Callahan C M, Fitzgerald J F, et al. Changes in functional status and the risks of subsequent nursing home placement and death [J]. Journal of gerontology, 1993, 48(3): S94 -101.

[49] Zimmerman D R, Karon S L, Arling G, et al. Development and testing of

nursing home quality indicators[J]. Health Care Financing Review, 1994, 16(4): 107 - 127.

[50] Zuluaga Mc, et al. Housing conditions and mortality in older patients hospitalized for heart failure[J]. American Heart Journal, 2011, 5.

附　录　2006中国城乡老年人口状况追踪调查城市个人问卷

A 访问员：首先，我们想了解您的一些基本情况。

A1　【访问员观察】被访者性别：

1　男　　　　　　2　女　　　　□

A2　您的年龄：__________周岁

A3　您的文化程度：

1　不识字　　2　私塾　　3　小学　　4　初中　　5　中专/高中

6　大专及以上　　□

A3.1 您上过几年学？　　__________年

A4　您属于哪个民族？　　□

1　汉族　　2　________族

A5　您目前的婚姻状况属于下列哪种情况？

1　有配偶同住（跳问 A6）　　2　有配偶分居（续问 A5.1）

3　丧偶（续问 A5.1）　　4　离婚（续问 A5.1）

5　未婚（跳问 A7）　　□

A5.1 您分居/丧偶/离婚有几年了？__________年

A6　您结过几次婚？　　__________次

A6.1 您结婚时的年龄？（有两次以上婚姻者，填本次结婚时年龄）

____周岁。

A7　您退（离）休前是不是干部？

1　是　　0　否　　□

A8　您的政治面貌是什么？

1　中共党员　　2　民主党派　　3　群众　　☐

A9　您的户籍属于哪种类型？

1　农业　　2　非农业　　3　农转非（续问 A9.1）　　☐

A9.1　您是哪年从农业户口转成非农业户口的？　　________年

B 访问员：现在，我们想了解一些您在退休和就业方面的情况。

B1　您现在是不是已经办理了退（离）休手续？

1　离休（续问 B1.1）　　2 退休（续问 B1.1）　　☐

3　仍在工作（续问 B1.1，然后跳问 B2）

4　从未有过正式工作（跳问 B3）

5　其他（跳问 B2）

B1.1　您第一次参加工作时，是多少岁？　　________周岁

B1.2　您是否属于提前退休？

1　是　　0　否　　☐

B1.3　您退（离）休时的年龄是多少岁？　　________周岁

B1.4　您退（离）休前的工作单位属于什么性质？

1　党政机关　　2　事业单位　　3　国有企业

4　集体企业　　5　三资企业　　6　民营企业

7　股份制企业　　8　部队　　9　其他　　☐

B2　您是否有职称？

1　无　　2　初级　　3　中级　　4　高级　　5　不适用　　☐

B3　您现在有没有从事有收入的工作？

1　有（续问 B3.1）　　0　没有（跳问 B4）　　☐

B3.1　这份工作是临时的，还是比较固定的？

1　长期固定工作　　2　临时工作　　3　季节性工作　　4　其他　　☐

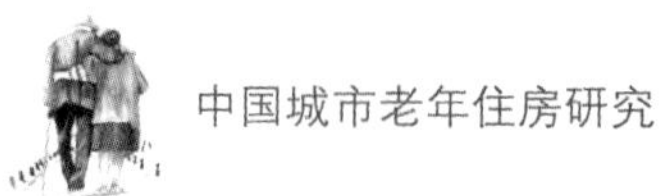

B3.2　您从事这份工作的方式？（回答为1，续问B3.3；回答为2、3、4，跳问B3.4）

1　被聘用　　2　单干　　3　与别人合伙　　4　其他　　□

B3.3　寻找这份工作的途径是什么？

1　个人关系　　2　单位返聘　　3　通过中介

4　市场招聘　　5　其他　　□

B3.4　去年您总共干了多少个月？　　________个月

B3.5　平均每天工作几个小时？　　________小时/天

B3.6　平均每月收入有多少钱？　　________________元

B4　您现在愿意从事有经济收入的工作吗？

1　愿意　　2　无所谓　　3　不愿意　　□

B5　您去年有没有做生意、买卖有价证券？

1　有（续问B5.1）　　0　没有（跳问B6）　　□

B5.1 您去年从事这些活动一共挣了多少钱？　　________________元

B6　目前您手头上有没有股份？

1　有（续问B6.1）　　0　没有（跳问B7）　　□

B6.1　去年有多少分红？　　________________元

B7　您家里有没有下列交通工具？（复选题）

□　摩托车　　□　机动三轮车/电动自行车

□　小轿车/面包车　　□　大货（客）车

C　访问员：下面，我们要了解您在经济收入和参加保险方面的情况。

【访问员注意：检查B1的答案，若被访者为离休或退休，续问C1；否则，跳问C4。】

C1　您每月的退（离）休金（或社会养老保险金）有多少钱？　　______元

C2　您在哪里领取退（离）休金（或社会养老保险金）？

1　银行　2　邮局　3　社会保障部门　4　原单位　5　其他　□

C3　到目前为止,您有不能按时、足额领取退(离)休金的情况吗?

1　有(续问 C3.1)　0　无(跳问 C4)　□

C3.1　到目前为止共拖欠您多少个月?　________月

C3.2　到目前为止共拖欠了多少元?　________元

C4　去年您有下列收入吗?【访问员注意:若有,追问多少元】

A　政府救助(包括医疗救助)　1 有　0 无　□　________元

B　集体救助　1 有　0 无　□　________元

C　社会养老保险金　1 有　0 无　□　________元

D　企业养老补贴　1 有　0 无　□　________元

E　子女们给的钱(包括实物、旅游,不含医药费)

1 有　0 无　□　________元

F　孙子女们(包括外孙子女)给的钱

1 有　0 无　□　________元

G　其他亲戚给的钱　1 有　0 无　□　________元

H　其他人情收入　1 有　0 无　□　________元

I　其他补贴　1 有　0 无　□　________元

C5　您(和老伴)给自己存了一笔养老用的钱吗?

1　存了(续问 C5.1)　0　没存(跳问 C6)　□

C5.1 您总共存了多少钱?　________元

C5.2 去年有多少利息收入?　________元

C5.3 您觉得靠这笔钱够今后养老吗?

1　够　0　不够　□

C6　您(或您的子女为您)买了哪些种类的商业保险?(复选题)

□　人寿险　□　医疗保险　□　意外伤害险

□　养老险　□　都没买(跳问 C7)

C6.1 去年买保险花了多少钱？ ________元

C6.2 去年您有多少保险给付(收入)？ ________元

【访问员出示收入来源卡。】

C7　除了上面提到的收入，您去年的其他收入还有多少钱？

________元

C8　上个月，您个人在下列日常开支上共花了多少钱？

________元

A　烟酒开支　1有　0无　□　________元

B　人际交往费用　1有　0无　□　________元

C　化妆品　1有　0无　□　________元

D　其他个人开支　1有　0无　□　________元

C9　去年您个人买衣服(包括子女给您买衣服)用了多少钱？

________元

C10　去年您个人文化娱乐(旅游)花费多少钱？

________元

C11　去年您个人给子女多少钱？ ________元

C12　去年您个人给(外)孙子女多少钱？ ________元

C13　去年您个人给亲戚多少钱？ ________元

C14　去年您个人在其他人情往来上花了多少钱？

________元

【访问员注意查看A5，如果有配偶继续提问；没有请跳到C16。】

C15 您老伴个人去年有下列收入吗？【访问员注意：若有，追问多少元】

A　退休金　1有　0无　□　________元

B　务工收入　1有　0无　□　________元

C　子女给买的衣服　1有　0无　□　________元

D　子女提供的医药费　1 有　0 无　□ ______元

E　生日时收到的钱　1 有　0 无　□ ______元

F　保险给付收入　1 有　0 无　□ ______元

G　其他个人收入　1 有　0 无　□ ______元

C16　您个人现在是否负债?

1　是(问 C16.1)　0　否(跳问 C17)　□

C16.1　共负债多少钱?　______元

C17　以您个人的经历来看,为了让老年生活更有经济保障,如果做下面四种选择,哪种是您的第一选择?其次选择哪个?哪个是第三?第四选哪个?

选项	选择次序
A　参加社会养老保险	第______选择
B　买商业保险	第______选择
C　钱都花在子女身上,老了靠子女	第______选择
D　自己储蓄养老	第______选择

C18　您觉得自己目前经济上有保障吗?

1　有　0　没有　□

C19　与以前的老人相比,您觉得自己经济上更有保障吗?

1　是　0　否　□

D 访问员:下面,我们想了解您家的居住、家庭设施和居家环境方面的事情。

D1　您有产权属于自己(或老伴)的房子吗?

1　有(续问 D1.1)　0　没有(跳问 D2)　□

D1.1　一共有几套?　______套

D1.2　现在这些房子大约值多少钱?　______万元

D2　您现在的住房属于哪种情况?

1 自有产权 2 子女的房产 3 租公房 4 租私房 5 其他 □

D3 您(和老伴)有单独居住的房间吗?

1 有 0 无 □

D4 您现在的住房中有下列生活设施吗?(复选题)

□ 自来水 □ 煤气/天然气 □ 暖气/土暖气 □ 室内厕所

D5 您现在的住房中是否有下列电器?(复选题)

□ 电话	□ 电视机	□ 洗衣机	□ 手机
□ 电风扇	□ 空调	□ 计算机	□ 电冰箱
□ 微波炉	□ 热水器	□ 电暖器	□ 电饭煲

D6 您家现在雇保姆或小时工吗?

1 雇保姆 2 雇小时工 3 没有雇 □

D7 您对现在的住房条件满意吗?

1 满意 2 一般 3 不满意 □

D8 您结婚(或离开父母单独居住)后,到现在为止,共搬了几次家?

__________次

D9 如果让您搬到生活条件更好的外地(本市以外)住,不考虑其他因素,您愿意去吗?

1 愿意 2 不愿意 3 说不好 □

D10 您在本街道住多少年了? ________年

D11 您经常到邻居家串门吗?

1 经常 2 偶尔 3 从不 □

D12 您的住处附近有下列场所吗?(复选题)

□ 商场/小商店 □ 公园 □ 医院/诊所 □ 集市

□ 银行/储蓄所

D13 您现在住的房子是哪年建的? ________年

E 访问员:下面,我们想了解一下您所在街道的情况。

E1 本街道有下列组织吗?

	有	没有	不知道	
A 老年人协会	1	2	3	□
B 老年人维权小组	1	2	3	□
C 民事调解小组	1	2	3	□

E2 本街道有养老院、福利院、老年公寓等养老机构吗?

1 有 2 没有 3 不知道 □

E3 您了解养老院、福利院、老年公寓等养老机构吗?

1 是 0 否 □

E4 您对养老院、福利院、老年公寓等养老机构的总体印象如何?

1 较差 2 一般 3 较好 □

E5 您愿意住养老院、福利院、老年公寓等养老机构吗?

1 是(续问 E5. 1) 0 否(跳问 E6) □

E5. 1 您的子女是否愿意您去住?

1 是 0 否 □

E5. 2 您是打算常住还是暂住?

1 常住 2 暂住 □

E5. 3 您(和家人)一个月最多能承担多少费用? ________元

E6 您家附近有下列老年人可利用的活动场所吗?您经常去参加活动吗?

活动场所	附近没有	从不参加	偶尔参加	经常参加	
A 老年活动室	1	2	3	4	□
B 老年大学	1	2	3	4	□
C 老干部活动中心	1	2	3	4	□
D 托老所	1	2	3	4	□
E 运动场地	1	2	3	4	□

E7　本地有下列服务吗？去年您自己有没有用过？您认为自己现在需要吗？（复选题）

服务项目	当地有	用过	需要
A　上门做家务	□	□	□
B　上门护理	□	□	□
C　上门看病	□	□	□
D　聊天解闷	□	□	□
E　老年人服务热线	□	□	□
F　老年饭桌或送饭	□	□	□
G　陪同看病	□	□	□
H　帮助日常购物	□	□	□
I　康复治疗	□	□	□
J　法律援助	□	□	□

E8　去年街道派人来探望过您吗？

1　有　　　0　没有　□

【访问员检查 B1 的答案，若被访者为离休或退休，续问 E9；否则，跳问 E11。】

E9　去年您的原单位有人来探望过您吗？

1　有　　　0　没有　□

E10　去年您的原单位组织过老年人联谊活动吗？

1　组织过　　0　没有　□

E11　您愿意给周围生活有困难的其他老年人提供以下帮助吗？（复选题）

□　做家务　□　照料老人　□　聊天解闷　□　求医问药

□　调解纠纷

E12　如果社区有人组织老年人开展娱乐活动，您愿意参加吗？

1　愿意　　0　不愿意　□

E13　您愿意代表周围的老年人向上级反映老年人的困难吗?

1　愿意　　0　不愿意　☐

E14　如果社区有人组织向上级反映老年人的困难,您愿意参加吗?

1　愿意　　0　不愿意　☐

E15　当您感到自己的权益受到侵害时,您会怎样处理?

1　自认倒霉　　2　通过组织逐级反映　　3　写信投诉

4　法律途径　　5　上访　☐

E16　您是不是享有下列待遇?(复选题)

☐　老年人优待证　　☐　高龄老人经济补贴

☐　特困老年人救助　　☐　其他优待

E17　您是否经常参加下列社会公益活动?(复选题)

☐　治安巡逻　　☐　义务劳动　　☐　志愿者活动

☐　互助活动　　☐　青少年教育

E18　您是否参加了以下民间团体?

A　联谊组织(如同乡会、同学会等)	1　是	0　否	☐
B　兴趣爱好组织(如书画、集邮、钓鱼协会等)	1　是	0　否	☐
C　利益代表组织(如互助会、维权小组等)	1　是	0　否	☐
D　行业协会组织(如质量协会、律师协会、工程师协会等)	1　是	0　否	☐
E　学会、研究会等学术组织	1　是	0　否	☐
F　环境保护、儿童保护、妇女热线等公益组织	1　是	0　否	☐
G　其他各种非政府组织	1　是	0　否	☐

E19　您知道现在国家有专门保护老年人的法律吗?

1　知道　0　不知道　☐

F　访问员:下面,我们想了解一下您的家庭、子女和亲友的情况。

F1　请问您的父母是否健在?

1　父母均健在　2　父亲健在　3　母亲健在　4　父母均去世　□

F2　您现在有几个子女(包括收养的子女)、几个(外)孙子女?(复选题)

		同吃、同住	在外地(不住在本市)
儿子	______人	______人	______人
儿媳	______人	______人	______人
女儿	______人	______人	______人
女婿	______人	______人	______人
(外)孙子女	______人	______人	______人

F3　目前和您同吃同住在一起的还有哪些人?(复选题)

□　配偶　□　父母______人　□　其他______人

【访问员核查子女数,如果子女超过两个请问F4;如果有一个子女跳问F6;如果没有子女,跳问F16】

F4　您是不是轮流到子女家里住?

1　是　0　否　□

F5　不与您住在一起的子女给您的钱是否更多一些?

1　是　0　否　□

F6　处于下列经济状况的成年子女,各有多少人?(复选题)

非常宽裕________人　比较宽裕________人

大致够用________人　有些困难________人

十分困难________人

【访问员核查与老人同吃同住子女数,如果超过两名请跳问F9】

F7　与您同吃同住子女的经济状况属于哪一类?

1　很宽裕　2　比较宽裕　3　大致够用

4　有些困难　5　很困难　□

F8　您在经济上给子女支持,对您的生活造成的负担如何?

1　可以承受　　2 一般　　3 难以承受　　4 不支持　☐

F9　当您需要看病时,子女能陪您去吗?

1　能　　　　0　不能　☐

F10　当您不方便自己去购买日常用品时,子女能帮助您购物吗?

1　能　　　　0　不能　☐

F11　如果发生子女不愿赡养您的情况,您希望如何解决?

1　自己委屈　　2　亲属调解　　3　单位调解　　4　社区调解

5　打官司　☐

F12　总的来说,您认为自己的子女孝顺吗?

1　很孝顺　　2　比较孝顺　　3　一般　　4　比较不孝顺

5　很不孝顺　☐

F13　您愿意和子女住在一起吗?

1　愿意　　2　无所谓　　3　不愿意　☐

F14　您现在是否帮助子女做下面的事?(复选题)

☐　照看家　　☐　做家务　☐　照看孩子

F15　您有几个子女现在失业(包括儿媳和女婿)?　________人

F16　在家里办大事时,花钱谁说了算?

1　自己　　2　配偶　　3　子女　　4　其他　☐

F17　您觉得自己的经济状况属于下列哪种情况?

1　很宽裕　　2　比较宽裕　　3　大致够用　　4　有些困难

5　很困难　☐

F18　您的家庭是否和睦?

1　是　　　　0　否　☐

F19　您每个月至少见一次面或能联系的亲属有几位?

0 = 没有　　1 = 1 人　　2 = 2 人　　3 = 3 人或 4 人

4 = 5 ~ 8 人　　5 = 9 人或 9 人以上　☐

F20　您能放心地与其谈论心里话的亲属有几人?

0 = 没有　　1 = 1 人　　2 = 2 人　　3 = 3 人或 4 人

4 = 5 ~ 8 人　　5 = 9 人或 9 人以上　　□

F21　您需要时,能帮上忙的亲属有几位?

0 = 没有　　1 = 1 人　　2 = 2 人　　3 = 3 人或 4 人

4 = 5 ~ 8 人　　5 = 9 人或 9 人以上　　□

F22　您每个月至少见一次面或能联系的朋友有几位?

0 = 没有　　1 = 1 人　　2 = 2 人　　3 = 3 人或 4 人

4 = 5 ~ 8 人　　5 = 9 人或 9 人以上　　□

F23　您能放心地与之谈论心里话的朋友有几人?

0 = 没有　　1 = 1 人　　2 = 2 人　　3 = 3 人或 4 人

4 = 5 ~ 8 人　　5 = 9 人或 9 人以上　　□

F24　您需要时,能帮上忙的朋友有几位?

0 = 没有　　1 = 1 人　　2 = 2 人　　3 = 3 人或 4 人

4 = 5 ~ 8 人　　5 = 9 人或 9 人以上　　□

G　访问员:现在我们想了解您个人生活方面的情况。

G1　在下列各项活动中,哪些您做起来不费力?哪些您做起来有些困难?哪些您做不了?

A　吃饭	1　不费力	2　有些困难	3　做不了	□
B　穿衣	1　不费力	2　有些困难	3　做不了	□
C　上厕所	1　不费力	2　有些困难	3　做不了	□
D　上下床	1　不费力	2　有些困难	3　做不了	□
E　扫地	1　不费力	2　有些困难	3　做不了	□
F　日常购物	1　不费力	2　有些困难	3　做不了	□
G　做饭	1　不费力	2　有些困难	3　做不了	□
H　洗衣	1　不费力	2　有些困难	3　做不了	□

续表

I　提起10千克重物	1　不费力	2　有些困难	3　做不了	□
J　管理财务	1　不费力	2　有些困难	3　做不了	□
K　步行1 500~2 000米	1　不费力	2　有些困难	3　做不了	□
L　洗澡	1　不费力	2　有些困难	3　做不了	□
M　在室内走动	1　不费力	2　有些困难	3　做不了	□
N　上下楼梯	1　不费力	2　有些困难	3　做不了	□
P　使用电话	1　不费力	2　有些困难	3　做不了	□
Q　乘坐公交车	1　不费力	2　有些困难	3　做不了	□

G2　您现在的日常生活需要别人照料吗?

1　需要(续问G2.1)　　　　0　不需要(跳问G3)　　□

G2.1　从什么时候开始的?　　　　________年______月

G2.2　谁在照料您?若有,共有多少人?最近六个月平均每人用了多少天?

照料者	有没有	人数	人均服侍天数
A　配偶	1有　0无　□	(不用提问)	□□□
B　儿子	1有　0无　□	□	□□□
C　儿媳	1有　0无　□	□	□□□
D　女儿	1有　0无　□	□	□□□
E　女婿	1有　0无　□	□	□□□
F　(外)孙子女	1有　0无　□	□	□□□
G　其他亲属	1有　0无　□	□	□□□
H　朋友、邻居	1有　0无　□	□	□□□
I　志愿人员	1有　0无　□	□	□□□
J　居委会/街道人员	1有　0无　□	□	□□□
K　养老机构	1有　0无　□	□	□□□
L　保姆/小时工	1有　0无　□	□	□□□

G2.3　您的子女(B－F)当中,有几个人曾为照料您而请假?　______人

G2.4　总共请了多少天假？　______天

G3　您家里是否还有其他需要照料的人？

1　有　　0　无(跳问 G4)　□

G3.1　需要照料的人数　________人

G3.2　其中,60 周岁及以上的老年人有几个？　________人

G4　俗话说"久病床前无孝子",您同意这种说法吗？

1　同意　　2　不同意　　3　不好说　□

H　访问员:下面我们想了解一下您的身体健康状况和就医情况。

H1　调查前两个星期内,您是否患病？

1　是　　0　否(跳问 H6)　□

H2　您自己感觉所患病的严重程度如何？

1　不严重　2　一般　3　严重　□

H3　您患病后,是否进行了治疗(包括自我处置)？

1　是(跳问 H5)　　0　否(续问 H4)　□

H4　未治疗的主要原因？(复选题)

□　自感病轻　□　经济困难　□　家人没时间陪同

□　交通不便　□　医院等待时间太长　□　医疗单位服务差

□　没有疗效　□　其他

H5　您采用了哪种治疗(处置)方式？

1　自我处置　2　看医生　3　自我处置和看医生　□

H6　您现在有慢性疾病吗？

1　有(续问 H6.1)　0　无(跳问 H7)　□

H6.1　您患有下列哪些病？(复选题)

□　高血压　□　心脏病/冠心病　□　中风　□　糖尿病

□　脑血管病　□　肾病　□　肝病　□　结核病

□ 类风湿　□ 颈/腰椎病　□ 关节炎

□ 前列腺疾病　□ 青光眼/白内障　□ 癌症/肿瘤

□ 痴呆症　□ 皮肤病　□ 妇科疾病

□ 慢性支气管炎　□ 口腔疾病　□ 骨质疏松

□ 地方病　□ 其他消化系统疾病　□ 神经系统疾病

□ 其他呼吸系统疾病　□ 其他慢性病

H6.2　您是如何知道自己患这种病的？

1　看病诊断　2　体检诊断　3　自我判断　4　其他　□

H7　您现在使用下列辅助工具吗？（复选题）

□ 老花镜　□ 助听器　□ 假牙　□ 拐杖

□ 轮椅　□ 其他

H8　现在，您觉得自己的健康状况怎么样？

1　很差　2　较差　3　一般　4　较好　5　很好　□

H9　与去年相比，您现在的身体状况发生了什么变化？

1　变好　2　基本不变　3　变差　4　时好时坏　□

H10　您觉得去医院（诊所）看病方便吗？

1　方便　2　一般　3　不方便　□

H10.1　您通常怎么去看病？

1　步行　2　自行车/三轮车/摩托车　3　出租车/小轿车

4　公交车　□

H10.2　离您家最近的医院或诊所有多远？

1　500 米以内　2　1 000 米以内　3　2 000 米以内

4　2 000 米以上　□

H10.3　您在就医或治病时，喜欢选择下面哪些看病、治病形式？（复选题）

□ 中医　□ 西医　□ 中西医结合　□ 偏方

□ 气功　　□ 巫医　　□ 其他______

H11　您去年到医院或诊所看过病吗?

1　有　　0　无(跳问 H11.2)　　□

H11.1　到医院(诊所)看过几次病?　　________次

H11.2　是否请过医生上门看病?

1　有　　0　无(跳问 H12)　　□

H11.3　请过几次医生上门?　　________次

H12　您去年住过医院吗?

1　有　　0　无(跳问 H13)　　□

H12.1　去年共住过几次医院?　　________次

H13　您去年卧床(包括住院在内)的时间大约有多少天?

________天

H14　您去年看病和住院一共花了多少钱?　　________元

H14.1　基本医疗保险(公费、合作医疗)支付　　________元

H14.2　商业医疗保险支付　　________元

H14.3　子女或亲属支付　　________元

H14.4　自己支付　　________元

H14.5　其他来源支付　　________元

H15　您享受下列医疗保障吗?(复选题)

□ 基本医疗保险　　□ 公费医疗

□ 商业医疗保险　　□ 合作医疗

□ 其他　　□ 没有保障(跳问 H16)

H15.1　去年,您应报未报的医药费有多少钱?　　________元

H16　您平常吃保健品吗?

1　经常　　2　偶尔　　3　从不　　□

H17　您平常使用保健(治疗)器具吗?

1　经常　　2　偶尔　　3　从不　　□

H18　您平常参加下列哪些活动？（复选题）

□　太极拳　□　保健操　□　听广播/看电视

□　（学）用手机　□　读书看报　□　打麻将/打牌/下棋

□　球类运动　□　看电影/听戏　□　种花/养宠物

□　书画　□　旅游　□　唱歌/跳舞　□　集邮及物品收藏

□　逛公园　□　学电脑/上网　□　散步

H19　您有抽烟的习惯吗？

1　从来不抽　2　曾经抽烟，现在不　3　现在抽烟　□

H20　您有喝酒的习惯吗？

1　从来不喝　2　曾经喝酒，现在不　3　现在喝酒　□

K　访问员：下面我们想了解您对一些有关老年人话题的看法。

K1　您觉得自己现在老了吗？

1　是(续问 K1.1)　0　否(跳问 K2)　□

K1.1　您觉得自己多大岁数就老了？　________周岁

K2　近年来，您是否觉得自己好忘事了？

1　是　0　否　□

K3　您对以下各种说法和态度有什么看法？

A　我喜欢和别人聊天	1 是	2 否	3 不好说	□
B　我喜欢结交朋友	1 是	2 否	3 不好说	□
C　我常常感到孤独	1 是	2 否	3 不好说	□
D　能够吃饱穿暖，我就已经很满足了	1 是	2 否	3 不好说	□
E　我现在和年轻时一样幸福	1 是	2 否	3 不好说	□
F　我感到自己越来越跟不上社会的发展	1 是	2 否	3 不好说	□
G　老年人是社会的负担	1 是	2 否	3 不好说	□

H　老年人是家庭的负担	1 是	2 否	3 不好说	□
I　过去的老年人没有我们这一代老年人幸福	1 是	2 否	3 不好说	□
J　尊敬老年人的年轻人越来越多	1 是	2 否	3 不好说	□
K　现在社会存在着比较严重的不公平现象	1 是	2 否	3 不好说	□
L　现在社会越来越关心和重视老年人问题了	1 是	2 否	3 不好说	□

K4　您有诉说心事的人吗？

1　有　　0　没有　□

K5　您是不是担心下列问题？

担心的问题	毫不担心	不太担心	一般	比较担心	非常担心	
A　没有生活费来源	1	2	3	4	5	□
B　生病时没有钱治病	1	2	3	4	5	□
C　需要时没有人照料	1	2	3	4	5	□
D　社会不安定	1	2	3	4	5	□
E　子女不孝	1	2	3	4	5	□
F　退/离休金不够养老	1	2	3	4	5	□
G　子女失业	1	2	3	4	5	□
H　交通不安全	1	2	3	4	5	□

K6　您是否有宗教信仰？

1　是(续问 K6.1)　　0　否(跳问 K7)　□

K6.1　信什么教？

1　佛教　　2　道教　　3　基督教

4　天主教　　5　伊斯兰教　　6　其他________(注明)　□

K7　您是否相信风水？

1　是　　0　否　□

K8　与其他老人相比，您觉得自己幸福吗？

1　比较幸福　　2　一般　　3　比较不幸福　□

K9　总的来说，您对自己目前的生活状况满意吗？

1　很不满意　　2　不太满意　　3　一般　　4　比较满意

5　非常满意　□

K10　请问在过去的一星期里，您是否有以下方面的感受或行为？

感受或行为	过去一个星期		
A　您对自己的生活基本上满意吗？	1 是	0 否	□
B　您是否已放弃了很多以往的活动和爱好？	1 是	0 否	□
C　您是否觉得自己的生活不够充实？	1 是	0 否	□
D　您是否常常感到心烦？	1 是	0 否	□
E　您是否多数时候感到精神好？	1 是	0 否	□
F　您是否担心将会有不好的事情发生在您身上？	1 是	0 否	□
G　您是否多数时候感到幸福？	1 是	0 否	□
H　您是否常常感到无依无靠？	1 是	0 否	□
I　您是否宁愿待在家里，而不愿出去做些自己不太熟悉的事情？	1 是	0 否	□
J　您是否觉得自己的记忆力要比其他老年人更差一些？	1 是	0 否	□
K　您是否认为现在还活着真是太好了？	1 是	0 否	□
L　您是否觉得自己现在很没用？	1 是	0 否	□
M　您是否感到精力充沛？	1 是	0 否	□
N　您是否觉得自己的处境没有希望了？	1 是	0 否	□
P　您是否觉得多数人比自己富有？	1 是	0 否	□

K11　（在过去的五年里）您是否有过想要结束自己生命的想法？

1　有过（续问 K12）　　0 没有（跳到被访者签名处）　□

K12　请问在下面的各段时间里，您是否曾经有过以下的想法或行为？

感受或行为	过去一个月	过去一年	过去五年
A　曾经想到过死或有想死的念头	1 是　0 否　□	1 是　0 否　□	1 是　0 否　□
B　曾经考虑过要自杀	1 是　0 否　□	1 是　0 否　□	1 是　0 否　□
C　曾经有过自杀的行为	1 是　0 否　□	1 是　0 否　□	1 是　0 否　□

访问员：为了便于单位核实我对您的访问情况，请留下您（或家人）的姓名和联系电话。

被访者（或家人）签名_______与被访者关系_______电话号码_______

【访问员注意：请询问被访者能否回答家里的住房和收入、支出问题。如果能，请跳问 L 部分问题，之后再填写观察部分；如果不能，直接填写观察部分，再找户主调查 L 部分】

【观察部分】提问结束后，请访问员观察并填写下面几个问题：

EA　调查过程是否有他人在场？

1　是　　0　否　□

EB　在场他人是否代答？

1　是　　0　否　□

EC　本户的住房类型是楼房还是平房？

1　平房　　2　楼房　□

EC1　如果是楼房，住在几层？　________层

EC2　是否有电梯？

1　有　　0　没有　□

ED　本户所在地属于下列哪一种？

1　商业小区　2　单位家属区　3　旧街道/胡同　4　其他　□

EE　被访老年人是否具有下列特征？（复选题）

□　很多白发　□　很多老人斑　□　许多皱纹　□　缺齿严重

□　耳聋耳背　□　腿脚不便　□　反应迟钝　□　口齿不清

调查到此结束，多谢您的支持与合作！

访问员后记：如果访问员对访问该老年人过程中有特别需要注明的事项，请写在下面。

L　访问员：您好，我们希望了解一下您全家（同吃同住）的一些情况，这对于我们了解老年人的生活状况很有帮助。请您开始回答下列问题，谢谢！

L1　您家现住几个房间？　__________间

L2　它的面积共有多少平方米？

__________平方米

L3　这个房子是哪一年建的？

__________年

L4　去年您家出租房子了吗？

1　有（续问 L4.1）　　0　没有（跳问 L5）　□

L4.1　出租房屋每月的租金收入有多少元？　__________元

L5　上个月，您家的生活费用总共花了多少钱？　__________元

L5.1　以下各项花费了多少钱？

A	饮食费（包括在外就餐）	1 有　0 无	□	__________	元
B	房租费/房屋修缮/还贷	1 有　0 无	□	__________	元
C	水、电、煤、燃气费	1 有　0 无	□	__________	元
D	书报/娱乐费用	1 有　0 无	□	__________	元
E	交通和通信费用	1 有　0 无	□	__________	元
F	请保姆或小时工	1 有　0 无	□	__________	元
G	其他公共开支	1 有　0 无	□	__________	元

L6　去年全年您家取暖费花了多少钱？　__________元

L7　去年全年您家物业费花了多少钱？　__________元

L8　去年全年您家非经常性开支是多少钱？（包括贵重衣物、家具、电器、车辆等大件以及旅游等服务性项目）　__________元

L9　去年您家的医药费开支共计多少钱？　__________元

L10　去年您家子女（包括孙子女、外孙子女）的学校教育、补习班以及

赞助费等开支多少钱？ ＿＿＿＿＿＿元

L11　您觉得，在去年有哪些事件对您家产生了重大影响？（复选题）

□　没有　□　自然灾害　□　疾病　□　意外事故　□　官司

□　征地/拆迁　□　其他

L12　您家去年因征地或拆迁而获得的补偿费共多少钱？

＿＿＿＿＿＿元

L13　您家去年全家（与您同吃同住）总收入是多少钱？ ＿＿＿＿＿＿元

L14　与您家庭的基本需要相比，您认为您家的总收入属于哪种状况？

1　很宽裕　2　比较宽裕　3　大致够用　4　比较困难

5　很困难 □

L15　按照您家的基本消费状况，每月收入不低于多少元才能过得去？

＿＿＿＿＿＿元

L16　您家去年是否负债？

1　是（续问 L16.1）　0　否（跳问 L17） □

L16.1　共计负债多少钱？ ＿＿＿＿＿＿元

L17　去年您家人均收入是否低于当地的最低生活保障线？

1　是（续问 L18）　2　否（跳至签名处）

3　不知道（跳至签名处） □

L18　去年，您家是否申请过当地政府的“低保救助”？

1　是（续问 L19）　0　否（跳至签名处） □

L19　是否获得了救助？

1　是（续问 L19.1）　0　否（跳至签名处） □

L19.1　平均每人每月的救助金额是多少元？ ＿＿＿＿＿＿元

访问员:为了便于单位核实我对您的访问情况,请留下您(或家人)的姓名和联系电话。

被访者(或家人)签名______与被访者关系______电话号码______

调查到此结束,多谢您的支持与合作!

后 记

拙著是在我博士论文的基础上修改形成的,这是我的第一部著作,心中充满欣喜与期待。

住房不仅是财产的象征,也是生活中最重要的物质,小康不小康关键看住房。对于老年人而言,除住房的一般意义,还有适老性问题,住房对老年人生活质量影响较其他人群更大。本人长期关注老年住房,不仅关注老年人居住的普通住房,而且关注养老机构、养老地产等老年人专用住房,在老年住房领域不断探索。我希望尽我微薄之力,推动老年住房研究与建设,让老年人的生活更加美好。

本书的完成得到老师和家人的大力支持与帮助,在此谨向他们表示衷心感谢。首先感谢我的博士生导师杜鹏教授,当我在学术上处于迷茫时,经杜老师几句话点拨,便使我茅塞顿开。杜老师学术严谨,要求严格,他不轻言放弃的做事风格深深地影响着我,从他那里学到的不仅是知识,还有做人做事之道。

感谢我的硕士生导师乔晓春教授,在方法上及篇章结构安排上给予无私指导;感谢姜向群老师给予的资料、数据等资源上的支持;感谢蔡林、张耀军等老师的悉心指导，这些无私的爱汇成涓涓细流，滋润了我的心田，成就了这部著作。

感谢我的家人对我的默默奉献与倾力支持，感谢我的爱人给我精神上的支持、鼓励，让我坚持走下去。感谢儿子对我研究内容的关注与文章逻辑的争论、探讨，感谢爸爸、妈妈的牵挂与嘱托。

感谢所有关心我、支持我的人们，虽然不能一一致谢，但你们的帮助会让我牢记于心，感恩一生。

由于水平有限，时间精力有限，文章仍有许多地方需要修改完善，敬请各位专家学者、读者不吝赐教，批评指正。